Friedrich Schiller

Kleine Philosophie der Freundschaft

Friedrich Schiller

Kleine Philosophie der Freundschaft

Herausgegeben und mit einem Nachwort von Rolf-Bernhard Essig

aufbau

Gewidmet meinen alten und neuen, meinen nahen und fernen Freunden, deren Namen hier eine Seite, deren Wert für mich zu beschreiben aber unendlich viele Bücher füllten.

ISBN 978-3-351-03277-7

Aufbau ist eine Marke der Aufbau Verlag GmbH & Co. KG

1. Auflage 2009

Einbandgestaltung hißmann/heilmann, Hamburg
Druck und Binden CPI Moravia Books, Pohořelice
Printed in Czech Republic

www.aufbau-verlag.de

Was ich Gutes haben mag, ist durch einige wenige vortreffliche Menschen in mir gepflanzt worden, ein günstiges Schicksal führte mir dieselben in den entscheidenden Perioden meines Lebens entgegen, meine Bekanntschaften sind auch die Geschichte meines Lebens …

An Charlotte von Schimmelmann, 23. November 1802

Inhalt

»Jemand in der Welt zu wissen, auf den man sich ganz verlassen kann«

Lob des Freundes

Ein *großes*, ein *warmes Herz* ist die ganze Anlage zur Seligkeit, und ein *Freund* ist ihre Vollendung.

An Wilhelm von Wolzogen, 25. Mai 1783

Noch immer trage ich mich mit dem Lieblingsgedanken, zurückgezogen von der größeren Welt, in philosophischer Stille mir selbst, meinen Freunden und einer glücklichen Weisheit zu leben, und wer weiß ob das Schicksal, das mich bisher unbarmherzig genug herumwarf, mir nicht auf einmal eine solche Seligkeit gewähren wird.

An Wilhelm Friedrich Hermann Reinwald, 5. Mai 1784

Wie teuer ist mir zugleich der jetzige Augenblick, wo ich es laut und öffentlich sagen darf, daß Karl August der edelste von Deutschlands Fürsten, und der gefühlvolle Freund der Musen, jetzt auch der meinige sein will, daß Er mir erlaubt hat, Ihm anzugehören, daß ich Denjenigen, den ich lange schon als den edelsten Menschen schätzte, als meinen Fürsten jetzt auch lieben darf.

Widmung der »Rheinischen Thalia« an Herzog Karl August von Weimar und Eisenach

Für einen Freund ist uns kein Preis zu hoch.

»Die Jungfrau von Orleans«, III,2

Gott weiß, ich vergaß alles, alle andere neben Dir, ich schwoll neben Dir, denn ich war stolz auf Deine Freundschaft, nicht um mich im Aug der Menschen dadurch erhoben zu sehen, sondern im Aug einer höhern Welt, nach der meine Herz mir so glühte, welche mir zuzurufen schien: das ist der einige den Du lieben kannst, ich schwoll, wie ich sag, in Deiner Gegenwart, und doch war ich nie so sehr gedemütigt als wenn ich Dich ansah, Dich reden hörte, Dich fühlen sah was Dir die Sprache versagte, da fühlt ich mich kleiner, als sonsten überall, da tat ich den Wunsch an Gott, mich Dir gleich zu machen!

An Georg Friedrich Scharffenstein, 1776 (?)

Mir wird ein Glück zuteil, wie ich es nimmer
Gehoffet, daß mein Nachruhm doch nicht ganz
In meiner Feinde Händen ist, daß doch
Ein Freund mir, ein Bekenner meines Glaubens
Als Zeuge dasteht in der Todesstunde.

»Maria Stuart«, V,6

Mit Bergen wollen wir gen Himmel wachsen, auf Stürmen und Wellen dahinbrausen; gähe Abgründe stürzen uns schwindelnd hinunter; der Haß äußert sich im Körper gleichsam durch eine zurückstoßende Kraft, wenn im Gegenteil selbst unser Körper durch jeden Händedruck, jede Umarmung in den Körper des Freundes übergehen will, gleichwie die Seelen harmonisch sich mischen [...].

»Versuch über den Zusammenhang der tierischen Natur des Menschen mit seiner geistigen«, § 22

KARLOS: Und jetzt noch eine Bitte! Nenn mich Du.
Ich habe deinesgleichen stets beneidet
Um dieses Vorrecht der Vertraulichkeit.

Dies brüderliche Du betrügt mein Ohr,
Mein Herz mit süßen Ahndungen von Gleichheit.
– Keinen Einwurf – Was du sagen willst, errat ich.
Dir ist es Kleinigkeit, ich weiß – doch mir,
Dem Königssohne, ist es viel. Willst du
Mein Bruder sein?
MARQUIS: Dein Bruder!
KARLOS: Jetzt zum König.
Ich fürchte nichts mehr – Arm in Arm mit dir,
So fodr' ich mein Jahrhundert in die Schranken.

»Don Karlos«, I,9

Freudig werf ich mich
An die vertraute Freundesbrust, wo ich
Des langen Zwangs mich endlich kann entladen.

»Maria Stuart«, II,8

Von all dem rauschenden Geleite,
Wer harrte liebend bei mir aus?
Wer steht mir tröstend noch zur Seite,
Und folgt mir bis zum finstern Haus?
Du, die du alle Wunden heilest,
Der Freundschaft leise zarte Hand,
Des Lebens Bürden liebend teilest,
Du, die ich frühe sucht und fand,

Und du, die gern sich mit ihr gattet,
Wie sie, der Seele Sturm beschwört,
Beschäftigung, die nie ermattet,
Die langsam schafft, doch nie zerstört,
Die zu dem Bau der Ewigkeiten
Zwar Sandkorn nur für Sandkorn reicht,
Doch von der großen Schuld der Zeiten
Minuten, Tage, Jahre streicht.

»Die Ideale«

Humboldt spricht mit wahrer Begeisterung von Deiner Bekanntschaft, und mir geht immer das Herz auf, wenn er von Dir spricht. Er wird mir Deine Briefe mitteilen, und so hast Du es künftig mit uns beiden zu tun. Welches Leben wird das sein, wenn Du hierher kommst und die Dreieinigkeit vollendest: Humboldt ist mir eine unendlich angenehme und zugleich nützliche Bekanntschaft; denn im Gespräch mit ihm entwickeln sich alle meine Ideen glücklicher und schneller. Es ist eine Totalität in seinem Wesen, die man äußerst selten sieht, und die ich außer ihm nur in Dir gefunden habe. Er hat zwar vor Dir sehr viel an einer gewissen Leichtigkeit voraus, die man sich in *seinen* Verhältnissen leichter erwerben kann als in den unsrigen; aber was er auf der Oberfläche gegen Dich gewinnt, das gewinnst Du reichlich gegen ihn an Tiefe.

An Christian Gottfried Körner, 18. Mai 1794

Liebste Freundin – heute haben wir einen so trefflichen Frühlingstag, daß mir die ganze Zukunft – die so angenehm vor mir liegt – zu Gedächtnis kommt. Wie wert müssen solche Tage alsdann sein, wenn sie ihre Farben von der Freundschaft entlehnen.

An Henriette von Wolzogen, 1. Februar 1783

[FÜR CHRIST. FERDINAND MOSER]

Selig ist der Freundschaft himmlisch Band,
Sympathie, die Seelen Seelen trauet,
Eine Träne macht den Freund dem Freund bekannt
Und ein Auge, das ins Auge schauet;
Selig ist es, jauchzen, wenn der Freund
Jauchzet, weinen mit ihm, wenn er weint –

Mit diesem empfiehlt sich in Ihrer
Freundschaft und Liebe
Joh. Christ. Frid. Schiller
m. c.

Glück zu also, Glück zu, dem lieben Wanderer, der mich auf meiner romantischen Reise zur Wahrheit, zum Ruhme, zur Glückseligkeit so brüderlich und treulich begleiten will. Ich fühl es jetzt an uns wirklich gemacht, was ich als Dichter nur ahndete – Verbrüderung der Geister ist der unfehlbarste Schlüssel zur Weisheit. *Einzeln* können wir nichts.

An Christian Gottfried Körner, 7. Mai 1785

Sie haben sehr recht, wenn Sie sagen, daß nichts über das Vergnügen gehe, jemand in der Welt zu wissen, auf den man sich ganz verlassen kann. Und das ist Körner für mich. [...]

Freier als er von Anmaßung ist niemand; aber er braucht einen Freund, der ihn seinen eignen Wert kennen lehrt, um ihm die so nötige Zuversicht zu sich selbst, das was die Freude am Leben und die Kraft zum Handeln ausmacht, zu geben.

An Caroline von Beulwitz, 4. Dezember 1788

Ein halbes Dutzend guter Freunde höchstens
Um einen kleinen, runden Tisch, ein Gläschen
Tokaierwein, ein offnes Herz dabei
Und ein vernünftiges Gespräch – so lieb ich's!

»Die Piccolomini«, IV,6

Verschmerzen werd ich diesen Schlag, das weiß ich,
Denn was verschmerzte nicht der Mensch! Vom Höchsten
Wie vom Gemeinsten lernt er sich entwöhnen,
Denn ihn besiegen die gewalt'gen Stunden.
Doch fühl ich's wohl, was ich in ihm verlor.
Die Blume ist hinweg aus meinem Leben,
Und kalt und farblos seh ich's vor mir liegen.

Denn er stand neben mir, wie meine Jugend,
Er machte mir das Wirkliche zum Traum,
Um die gemeine Deutlichkeit der Dinge
Den goldnen Duft der Morgenröte webend –
Im Feuer seines liebenden Gefühls
Erhoben sich, mir selber zum Erstaunen,
Des Lebens flach alltägliche Gestalten.
– Was ich mir ferner auch erstreben mag,
Das Schöne ist doch weg, das kommt nicht wieder,
Denn über alles Glück geht doch der Freund,
Der's fühlend erst erschafft, der's teilend mehrt.

»Wallensteins Tod«, V,3

O meine Seele dürstet nach *neuer* Nahrung – nach *bessern* Menschen – nach *Freundschaft, Anhänglichkeit* und *Liebe*. Ich muß zu Ihnen, muß in Ihrem nähern Umgang, in der innigsten Verkettung mit Ihnen mein eigenes Herz wieder genießen lernen, und mein ganzes Dasein in einen lebendigern Schwung bringen. Meine poetische Ader stockt, wie mein Herz für meine bisherige Zirkel vertrocknete. *Sie* müssen sie wieder erwärmen. Bei Ihnen will ich, werd ich alles doppelt, dreifach wieder sein, was ich ehmals gewesen bin, und mehr als das alles, o meine Besten, ich werde *glücklich* sein. Ich war's noch nie.

An Christian Gottfried Körner, 10./22. Februar 1785

Ich will nicht heimlich tun mit meinem Wohlgefallen;
Das Siegel meiner königlichen Gunst
Soll hell und weit auf Eurer Stirne leuchten.
Ich will den Mann, den ich zum Freund gewählt,
Beneidet sehn.

»Don Karlos«, IV,12

An die Freunde

Lieben Freunde! Es gab schönre Zeiten
Als die unsern – das ist nicht zu streiten!
Und ein edler Volk hat einst gelebt.
Könnte die Geschichte davon schweigen,
Tausend Steine würden redend zeugen,
Die man aus dem Schoß der Erde gräbt.
  Doch es ist dahin, es ist verschwunden,
  Dieses hochbegünstigte Geschlecht.
  Wir, wir *leben*! Unser sind die Stunden,
  Und der Lebende hat recht.

Freunde! Es gibt glücklichere Zonen
Als das Land, worin wir leidlich wohnen,
Wie der weitgereiste Wandrer spricht.
Aber hat *Natur* uns viel entzogen,
War die *Kunst* uns freundlich doch gewogen,
Unser Herz erwarmt an *ihrem* Licht.
  Will der Lorbeer hier sich nicht gewöhnen,
  Wird die Myrte unsers Winters Raub,
  Grünet doch, die Schläfe zu bekrönen,
  Uns der Rebe muntres Laub.

Wohl von größerm Leben mag es rauschen,
Wo vier Welten ihre Schätze tauschen,
An der Themse, auf dem Markt der Welt.
Tausend Schiffe landen an und gehen,
Da ist jedes Köstliche zu sehen,
Und es herrscht der Erde Gott, das Geld.
  Aber nicht im trüben Schlamm der Bäche,
  Der von wilden Regengüssen schwillt,
  Auf des stillen Baches ebner Fläche
  Spiegelt sich das Sonnenbild.

Prächtiger als *wir* in unserm Norden
Wohnt der Bettler an der Engelspforten,
Denn er sieht das ewig einz'ge Rom!
Ihn umgibt der Schönheit Glanzgewimmel,
Und ein zweiter Himmel in den Himmel
Steigt Sankt Peters wunderbarer Dom.
  Aber Rom in allem seinem Glanze
  Ist ein Grab nur der Vergangenheit,
  Leben duftet nur die frische Pflanze,
  Die die grüne Stunde streut.

Größres mag sich anderswo begeben,
Als bei uns, in unserm kleinen Leben,
Neues – hat die Sonne nie gesehn.
Sehn wir doch das Große *aller* Zeiten
Auf den Brettern, die die Welt bedeuten,
Sinnvoll, still an uns vorübergehn.
  Alles wiederholt sich nur im Leben,
  Ewig jung ist nur die Phantasie,
  Was sich nie und nirgends hat begeben,
  Das allein veraltet nie!

Wechselwirkung

Kinder werfen den Ball an die Wand und fangen ihn wieder,
Aber ich lobe das Spiel, wirft mir der Freund ihn zurück.

Goethe und Schiller: »Tabulae votivae«

An die Freude

Freude, schöner Götterfunken,
  Tochter aus Elysium,
Wir betreten feuertrunken,
  Himmlische, dein Heiligtum.
Deine Zauber binden wieder,
  Was der Mode Schwert geteilt;
Bettler werden Fürstenbrüder,
  Wo dein sanfter Flügel weilt.

Chor

  Seid umschlungen, Millionen!
    Diesen Kuß der ganzen Welt!
    Brüder – überm Sternenzelt
  Muß ein lieber Vater wohnen.

Wem der große Wurf gelungen,
  Eines Freundes Freund zu sein;
Wer ein holdes Weib errungen,
  Mische seinen Jubel ein!
Ja – wer auch nur *eine* Seele
  Sein nennt auf dem Erdenrund!
Und wer's nie gekonnt, der stehle
  Weinend sich aus diesem Bund!

Chor

  Was den großen Ring bewohnet,
    Huldige der Sympathie!
    Zu den Sternen leitet sie,
  Wo der *Unbekannte* thronet.

Freude trinken alle Wesen
  An den Brüsten der Natur,
Alle Guten, alle Bösen
  Folgen ihrer Rosenspur.

Küsse gab sie *uns* und *Reben*,
Einen Freund, geprüft im Tod.
Wollust ward dem Wurm gegeben,
Und der Cherub steht vor Gott.

Chor

Ihr stürzt nieder, Millionen?
Ahndest du den Schöpfer, Welt?
Such ihn überm Sternenzelt,
Über Sternen muß er wohnen.

Freude heißt die starke Feder
In der ewigen Natur.
Freude, Freude treibt die Räder
In der großen Weltenuhr.
Blumen lockt sie aus den Keimen,
Sonnen aus dem Firmament,
Sphären rollt sie in den Räumen,
Die des Sehers Rohr nicht kennt!

Chor

Froh, wie seine Sonnen fliegen,
Durch des Himmels prächt'gen Plan,
Laufet, Brüder, eure Bahn,
Freudig wie ein Held zum Siegen.

Aus der Wahrheit Feuerspiegel
Lächelt *sie* den Forscher an.
Zu der Tugend steilem Hügel
Leitet *sie* des Dulders Bahn.
Auf des Glaubens Sonnenberge
Sieht man *ihre* Fahnen wehn,
Durch den Riß gesprengter Särge
Sie im Chor der Engel stehn.

Chor

Duldet mutig, Millionen!
Duldet für die beßre Welt!
Droben überm Sternenzelt
Wird ein großer Gott belohnen.

Göttern kann man nicht vergelten,
Schön ist's, ihnen gleich zu sein.
Gram und Armut soll sich melden,
Mit den Frohen sich erfreun.
Groll und Rache sei vergessen,
Unserm Todfeind sei verziehn,
Keine Träne soll ihn pressen,
Keine Reue nage ihn.

Chor

Unser Schuldbuch sei vernichtet!
Ausgesöhnt die ganze Welt!
Brüder – überm Sternenzelt
Richtet Gott, wie wir gerichtet.

Freude sprudelt in Pokalen,
In der Traube goldnem Blut
Trinken Sanftmut Kannibalen,
Die Verzweiflung Heldenmut – –
Brüder, fliegt von euren Sitzen,
Wenn der volle Römer kreist,
Laßt den Schaum zum Himmel sprützen:
Dieses Glas dem guten Geist.

Chor

Den der Sterne Wirbel loben,
Den des Seraphs Hymne preist,
Dieses Glas dem guten Geist,
Überm Sternenzelt dort oben!

Festen Mut in schwerem Leiden,
Hülfe, wo die Unschuld weint,
Ewigkeit geschwornen Eiden,
Wahrheit gegen Freund und Feind,
Männerstolz vor Königsthronen –
Brüder, gält es Gut und Blut –
Dem Verdienste seine Kronen,
Untergang der Lügenbrut!

Chor

Schließt den heil'gen Zirkel dichter,
Schwört bei diesem goldnen Wein:
Dem Gelübde treu zu sein,
Schwört es bei dem Sternenrichter!

Rettung von Tyrannenketten,
Großmut auch dem Bösewicht,
Hoffnung auf den Sterbebetten,
Gnade auf dem Hochgericht!
Auch die Toten sollen leben!
Brüder, trinkt und stimmet ein,
Allen Sündern soll vergeben,
Und die Hölle nicht mehr sein.

Chor

Eine heitre Abschiedsstunde!
Süßen Schlaf im Leichentuch!
Brüder – einen sanften Spruch
Aus des Totenrichters Munde!

Denn ich muß gestehen, daß Ihr, Humboldts, Göthe und meine Frau, die einzigen Menschen sind, an die ich mich gern erinnere, wenn ich dichte, und die mich dafür belohnen können, denn das Publikum, so wie es ist, nimmt einem alle Freude.

An Christian Gottfried Körner, 15. August 1798

Edlere Seelen hängen an zarten Seilen zusammen

Ursachen und Bedingungen der Freundschaft

Ich wählte Dich zu meinem Freunde, weil Du klüger, erfahrner, gesetzter bist als ich, weil Du meinem Herzensgefühl Dich am meisten, ganz genähert hast, gleich kommen bist, weil ich sonst keinen funden habe!

An Georg Friedrich Scharffenstein, 1776 (?)

War der Prinz von dem Geiste seines jungen Gesellschafters bezaubert, so riß diese verführerische Außenseite seine Sinnlichkeit unwiderstehlich hin. Gleichheit des Alters, Harmonie der Neigungen und der Charaktere stifteten in kurzem ein Verhältnis zwischen beiden, das alle Stärke von der Freundschaft und von der leidenschaftlichen Liebe alles Feuer und alle Heftigkeit besaß. G*** flog von einer Beförderung zur andern: aber diese äußerliche Zeichen schienen sehr weit hinter dem, was er dem Fürsten in der Tat war, zurückzubleiben. Mit erstaunlicher Schnelligkeit blühte sein Glück empor, weil der Schöpfer desselben sein Anbeter, sein leidenschaftlicher Freund war. Noch nicht zweiundzwanzig Jahr alt, sah er sich auf einer Höhe, womit die Glücklichsten sonst ihre Laufbahn beschließen.

»Spiel des Schicksals. Ein Bruchstück aus einer wahren Geschichte«

[FÜR FRIEDRICH NICOLAI]

Ein edles Herz und die Musen verbrüdern die entlegensten Geister.

Stuttgart, d. 20. Jul. 1781

Vor einigen Tagen widerfährt mir die herrlichste Überraschung von der Welt. Ich bekomme Pakete aus Leipzig, und finde von 4 ganz fremden Personen Briefe, voll Wärme und Leidenschaft für mich und meine Schriften. Zwei Frauenzimmer, sehr schöne Gesichter, waren darunter. Die eine hatte mir eine kostbare Brieftasche gestickt, die gewiß an Geschmack und Kunst eine der schönsten ist, die man sehen kann. Die andere hatte sich und die 3 andern Personen gezeichnet, und alle Zeichner in Mannheim wundern sich über die Kunst. Ein dritter hatte ein Lied aus meinen Räubern in Musik gesetzt, um etwas zu tun, das mir angenehm wäre. Sehen Sie meine Beste – so kommen zuweilen ganz unverhoffte Freuden für Ihren Freund, die desto schätzbarer sind, weil freier Wille, und eine reine, von jeder Nebenabsicht reine Empfindung und Sympathie der Seelen die Erfinderin ist. So ein Geschenk von ganz unbekannten Händen – durch nichts als die bloße reinste Achtung hervorgebracht – aus keinem andern Grund, als mir für einige vergnügte Stunden, die man bei Lesung meiner Produkte genoß, erkenntlich zu sein – ein solches Geschenk ist mir größere Belohnung, als der laute Zusammenruf der Welt, die einzige süße Entschädigung für tausend trübe Minuten. – Und wenn ich das nun weiter verfolge, und mir denke, daß in der Welt vielleicht mehr solche Zirkel sind, die mich unbekannt lieben, und sich freuen, mich zu kennen, daß vielleicht in 100 und mehr Jahren – wenn auch mein Staub schon lange verweht ist, man mein Andenken segnet und mir noch im Grabe Tränen und Bewunderung zollt – dann meine Teuerste freue ich mich meines Dichterberufes, und versöhne mich mit Gott und meinem oft harten Verhängnis.

An Henriette von Wolzogen, 26. Mai/7. Juni 1784

Nimmermehr können Sie mirs verzeihen, meine Wertesten, daß ich auf Ihre freundschaftsvollen Briefe, auf Briefe die so viel Enthusiasmus und Wohlwollen gegen mich atmeten, und von den schätzbarsten Zeichen Ihrer Güte begleitet waren, *sieben* Monate schweigen konnte. Ich gestehe es Ihnen, daß ich den jetzigen Brief mit einer Schamröte niederschreibe, welche mich vor mir selbst demütigt, und daß ich meine Augen in diesem Moment wie ein Feiger vor Ihren Zeichnungen niederschlage, die über meinem Schreibtisch hangen, und in dem Augenblick zu leben und mich anzuklagen scheinen. Gewiß meine vortrefflichen Freunde u. Freundinnen, die Beschämung und die Verlegenheit, welche ich gegenwärtig leide, ist Rache genug. Nehmen Sie keine andre mehr. Aber erlauben Sie mir nur einige Worte – nicht, um diese unerhörte Nachlässigkeit zu entschuldigen, nur sie Ihnen einigermaßen begreiflich zu machen.

Ihre Briefe, die mich unbeschreiblich erfreuten, und eine Stunde in meinem Leben auf das angenehmste aufgehellt haben, trafen mich in einer der traurigsten Stimmungen meines Herzens, worüber ich Ihnen in Briefen kein Licht geben kann. Meine damalige Gemütsfassung war diejenige nicht, worin man sich solchen Menschen, wie ich *Sie* mir denke, gern zum erstenmal vors Auge bringt. Ihre schmeichelhafte Meinung von mir war freilich nur eine angenehme Illusion – aber dennoch war ich schwach genug, zu wünschen, daß sie nicht allzuschnell aufhören möchte. Darum, meine Teuersten, behielt ich mir die Antwort auf eine bessere Stunde vor – auf einen Besuch meines Genius, wenn ich einmal, in einer schöneren Laune meines Schicksals, schöneren Gefühlen würde geöffnet sein. Diese Schäferstunden blieben aus, und in einer traurigen Stufenreihe von Gram und Widerwärtigkeit vertrocknete mein Herz für Freundschaft und Freude. Unglückselige Zerstreuungen, deren Andenken mir in diesem Augenblick *noch* Wunden schlägt, löschten diesen Vorsatz nach und nach in meinem harmvollen Herzen aus. Ein Zufall, ein wehmütiger Abend erinnert mich plötzlich wieder an *Sie* und mein Vergehen; ich eile an den Schreibtisch, Ihnen, meine Lieben, diese schändliche Vergessenheit abzubitten, die ich auf keine Weise aus meinem Herzen mir erklären kann. Wie empfindlich mußte Ihnen der Gedanke sein, einen Menschen geliebt zu haben, der fähig war, Ihre zuvorkommende Güte so wie ich zu beantworten! Wie mußten Sie sich einer Tat reuen lassen, die Sie an den Undankbarsten auf dem Erdboden verschwendeten! – Aber nein, das letztere bin ich niemals gewesen, und habe schlechterdings keine Anlage, es zu sein. Wenn Sie nur wenige Funken von der Wärme übrigbehielten, die Sie damals gegen mich hegten, so fodre ich Sie auf, mein Herz auf die strengsten Proben zu setzen, und mich diese bisherige Nachlässigkeit auf alle Arten wieder ersetzen zu lassen.

Und nun genug von einer Materie, wobei ich eine so nachteilige Rolle spiele.

Wenn ich Ihnen bekenne, daß Ihre Briefe und Geschenke das Angenehmste waren, was mir – vor und nach – in der ganzen Zeit meiner Schriftstellerei widerfahren ist, daß diese fröhliche Erscheinung mich für die mancherlei verdrüßliche Schicksale schadlos hielt, welche in der Jünglingsepoche meines Lebens mich verfolgten, – daß, ich sage nicht zu viel, daß Sie meine Teuersten, es sich zuzuschreiben haben, wenn ich die Verwünschung meines Dichterberufes, die mein widriges Verhängnis mir schon aus der Seele preßte, zurücknahm, und mich endlich wieder glücklich fühlte – Wenn ich Ihnen dieses sage, so weiß ich, daß Ihre gütige Geständnisse gegen mich Sie nicht gereuen werden. Wenn *solche* Menschen, solche *schöne* Seelen den Dichter nicht belohnen, wer *tut* es denn?

An Ludwig Ferdinand Huber, 7. Dezember 1784

Ich habe Deine Empfindungsart geliebt und Deinen Kopf verehrt – Deine Seele ist mein Freund. Wenn *diese* abwelkt, so habe ich meinen Freund verloren.

An Ludwig Ferdinand Huber, 26. Oktober 1787

Ein Glück wie das unsrige, Julius, ohne Unterbrechung, wäre zuviel für ein menschliches Los. Mich verfolgte schon oft dieser Gedanke im vollen Genuß unsrer Freundschaft. Was damals meine Seligkeit verbitterte, war heilsame Vorbereitung, mir meinen jetzigen Zustand zu erleichtern. Abgehärtet in der strengen Schule der Resignation, bin ich noch empfänglicher für den Trost, in unsrer Trennung ein leichtes Opfer zu sehen, um die Freuden der künftigen Vereinigung dem Schicksal abzuverdienen.

»Philosophische Briefe«

Freuen Sie sich, teurer Freund, daß unsere Freundschaft das Glück hatte, da anzufangen, wo die gewöhnlichen Bande unter den Menschen zerreißen. Fürchten Sie von nun an nichts mehr für ihre unsterbliche Dauer. Ihre Materialien sind die Grundtriebe der menschlichen Seele. Ihr Terrain ist die Ewigkeit und ihr Non plus ultra die Gottheit. –

Es würde mich traurig machen, Bester, wenn Sie in einer einzigen Anwandlung von Nüchternheit – in einer einzgen klügelnden Minute ihres Lebens, das was ich *jetzt* gesagt habe, für Schwärmerei nehmen wollten. Es ist *keine* Schwärmerei – oder Schwärmerei ist wenigstens ein vorausgenossener Paroxysmus unsrer künftigen Größe, und ich vertausche einen solchen Augenblick für den höchsten Triumph der kalten Vernunft nicht. Aber dieser Brief ist auch nur für uns und die Verwandte unsrer Empfindung.

[…] Das Bisherige, Freund, sollte keine Ausschweifung, keine Digression sein. Wir wollen durch eine dreifache Verbrüderung, unsre Bahnen gehen, aber Enthusiasmus ist ja der erste Gewinn von unserm Bunde. Ich wollte Ihnen beweisen, wieviel Enthusiasmus bewirken kann – also wissen Sie nun auch, was unser Bündnis bewirken wird.

Über den *Bau* unsrer Freundschaft habe ich tausend Ideen, deren ich entweder jetzt schon in Briefen, oder bei unserm persönlichen Umgange in Dresden los zu werden gedenke. Kalte Philosophie muß die Gesetzgeberin unsrer Freundschaft sein, aber ein warmes Herz und ein warmes Blut muß sie *formen*. Doch es ist unmöglich, daß ich Ihnen jetzt schon die unzähligen mir zuströmenden Gedanken darüber preisgeben kann, die nun erst in meinem Kopfe sich *läutern* und *reinigen* müssen. So viel ist gewiß, daß ich von euch aufgefordert sein möchte, den Riß zu dem schönen stolzen Gebäude einer Freundschaft zu machen, die vielleicht ohne Beispiel ist.

An Christian Gottfried Körner, 7. Mai 1785

Reinhold kann nie mein Freund werden, ich nie der seinige, ob er es gleich zu ahnden glaubt. Wir sind sehr entgegengesetzte Wesen. […] Er wird sich nie zu kühnen Tugenden oder Verbrechen, weder im Ideal, noch in der Wirklichkeit erheben, und das ist schlimm. Ich kann keines Menschen Freund sein, der nicht Fähigkeit zu einem dieser beiden, oder zu beiden hat.

An Christian Gottfried Körner, 29. August 1787

WALLENSTEIN: Es gibt im Menschenleben Augenblicke,
Wo er dem Weltgeist näher ist, als sonst,
Und eine Frage frei hat an das Schicksal.
Solch ein Moment war's, als ich in der Nacht,
Die vor der Lützner Aktion vorherging,

Gedankenvoll an einen Baum gelehnt,
Hinaussah in die Ebene. Die Feuer
Des Lagers brannten düster durch den Nebel,
Der Waffen dumpfes Rauschen unterbrach,
Der Runden Ruf einförmig nur die Stille.
Mein ganzes Leben ging, vergangenes
Und künftiges, in diesem Augenblick
An meinem inneren Gesicht vorüber,
Und an des nächsten Morgens Schicksal knüpfte
Der ahnungsvolle Geist die fernste Zukunft.

Da sagt ich also zu mir selbst. »So vielen
Gebietest du! Sie folgen deinen Sternen,
Und setzen, wie auf eine große Nummer,
Ihr Alles auf dein einzig Haupt, und sind
In deines Glückes Schiff mit dir gestiegen.
Doch kommen wird der Tag, wo diese alle
Das Schicksal wieder auseinanderstreut,
Nur wen'ge werden treu bei dir verharren.
Den möcht ich wissen, der der Treuste mir
Von allen ist, die dieses Lager einschließt.
Gib mir ein Zeichen, Schicksal! *Der* soll's sein,
Der an dem nächsten Morgen mir zuerst
Entgegenkommt mit einem Liebeszeichen.«
Und dieses bei mir denkend, schlief ich ein.

Und mitten in die Schlacht ward ich geführt
Im Geist. Groß war der Drang. Mir tötete
Ein Schuß das Pferd, ich sank, und über mir
Hinweg, gleichgültig, setzten Roß und Reiter,
Und keuchend lag ich, wie ein Sterbender,
Zertreten unter ihrer Hufe Schlag.
Da faßte plötzlich hilfreich mich ein Arm,
Es war Octavios – und schnell erwach ich,
Tag war es, und – Octavio stand vor mir.
»Mein Bruder«, sprach er. »Reite heute nicht
Den Schecken, wie du pflegst. Besteige lieber

Das sichre Tier, das ich dir ausgesucht.
Tu's mir zu Lieb. Es warnte mich ein Traum.«
Und dieses Tieres Schnelligkeit entriß
Mich Banniers verfolgenden Dragonern.
Mein Vetter ritt den Schecken an dem Tag,
Und Roß und Reiter sah ich niemals wieder.
ILLO: Das war ein Zufall.
WALLENSTEIN *bedeutend*: Es gibt keinen Zufall;
Und was uns blindes Ohngefähr nur dünkt,
Gerade das steigt aus den tiefsten Quellen.
Versiegelt hab ich's und verbrieft, daß er
Mein guter Engel ist, und nun kein Wort mehr!

»Wallensteins Tod«, II,3

Aber es ist wirklich notwendig, daß man einander, wenn es nicht auf länger sein kann, manchmal nur auf einige Stunden sieht, um sich nicht fremder zu werden.

An Johann Wolfgang Goethe, 17. Februar 1797

Erst alsdann, wenn ich mich der Individualität eines Menschen bemächtigt zu haben glaube, nenne ich ihn mein, und erst wenn ich ihn mein nenne und *in mir* habe, kann ich mein Herz gegen ihn auftun.

An Ernst Heinrich Graf von Schimmelmann, 13. Juli 1793

Freundschaft, Geschmack, Wahrheit und Schönheit werden mehr auf mich wirken, wenn eine ununterbrochene Reihe feiner wohltätiger häuslicher Empfindungen mich für die Freude stimmt und mein erstarrtes Wesen wieder durchwärmt. Ich bin bis jetzt ein isolierter fremder Mensch in der Natur herumgeirrt, und habe nichts als Eigentum besessen.

An Christian Gottfried Körner, 7. Januar 1788

Seit Ihren letzten Briefen hat mich der Gedanke nicht mehr verlassen wollen: »Diese Menschen gehören Dir, diesen Menschen gehörest Du.« – Urteilen Sie deswegen von meiner Freundschaft nicht zweideutiger, weil sie vielleicht die Miene der Übereilung trägt – Gewissen Menschen hat die Natur die langweilige Umzäunung der Mode niedergerissen. Edlere Seelen hängen an zarten Seilen zusammen, die nicht selten unzertrennlich und ewig halten. Große Tonkünstler *kennen* sich oft an den ersten Akkorden, große Maler an dem nachlässigsten Pinselstrich – edle Menschen sehr oft an einer einzigen Aufwallung. Doch vernünfteln möchte ich über meine Empfindung nicht gern. Ihre Briefe – und wir waren Freunde. [...]

Wenn Sie mit einem Menschen vorliebnehmen wollen, der *große* Dinge im Herzen herumgetragen, und *kleine* getan hat; der bis jetzt nur aus seinen *Torheiten* schließen kann, daß die Natur ein eignes Projekt mit ihm vorhatte; der in seiner Liebe schrecklich viel *fordert*, und bis hieher noch nicht einmal weiß, wie viel *er* leisten kann; der aber etwas anders mehr lieben *kann* als sich selbst, und keinen nagenderen Kummer hat, als daß er das so wenig ist, was er so gern sein möchte – wenn Ihnen ein Mensch wie dieser lieb und teuer werden kann, so ist unsre Freundschaft ewig, denn ich *bin* dieser Mensch. Vielleicht, daß Sie *Schillern* noch ebenso gut sind, wie heute, wenn Ihre Achtung für den *Dichter* schon längst widerlegt sein wird.

An Christian Gottfried Körner, 10. Februar 1785

Als ich Ihnen riet, nach Stuttgart zu gehen, rechnet[e] ich mit Zuversicht darauf, daß sie im Schoß der Meinigen wie zu Hause sein würden; nicht um sich daraus Ihre *Freunde*, im ganzen Sinn dieses Worts zu wählen, denn das können Ihnen weder meine Eltern noch Schwestern bei ihrer wenigen Bildung sein; bloß ein häuslicher Zirkel, wo Sie alle Ihre Anliegen ausschütten könnten, sollte Ihnen meine Familie sein. Ich zählte zugleich auf andre freundschaftliche Verbindungen, die Sie in der Stadt machen könnten, und gewiß sehr leicht machen werden, sobald Sie sich nur nicht ein zu strenges Ideal von den Menschen machen, und gegen die gewöhnlichen schwachen Außenseiten etwas Toleranz ausüben wollen. Ich fürchte, Sie lassen sich durch einige hervorragende Schwächen oder Unarten, die Sie bei einer ersten Zusammenkunft an einem, vielleicht sonst vortrefflichen, Menschen wahrnehmen, zu schnell von einer genauern Bekanntschaft mit ihm abschrecken; diesen Fehler (verzeihen Sie mir meine Offenheit) haben Sie mit vielen guten Menschen gemein; aber er bringt Sie um manche Ihnen gewiß oft sehr werte Bekanntschaft.

An Conrad Gustav Johann Behaghel von Adlerskron, 1. November 1791

›Topp, Kamerade!‹ – schrie er, indem er eine zinnerne Flasche aus seiner Jagdtasche hervorlangte, einen kräftigen Schluck daraus tat, und mir sie reichte. Flucht und Beängstigung hatten meine Kräfte aufgezehrt, und diesen ganzen entsetzlichen Tag war noch nichts über meine Lippen gekommen. Schon fürchtete ich, in dieser Waldgegend zu verschmachten, wo auf drei Meilen in der Runde kein Labsal für mich zu hoffen war. Man urteile, wie froh ich auf diese angebotne Gesundheit Bescheid tat. Neue Kraft floß mit diesem Erquicktrunk in meine Gebeine, und frischer Mut in mein Herz, und Hoffnung und Liebe zum Leben. Ich fing an zu glauben, daß ich doch wohl nicht ganz elend wäre, soviel konnte dieser willkommene Trank. Ja ich bekenne es, mein Zustand grenzte wieder an einen glücklichen, denn endlich, nach tausend fehlgeschlagenen Hoffnungen endlich, hatte ich eine Kreatur angetroffen, die mir ähnlich schien. In dem Zustande, worein ich versunken war, hätte ich mit dem höllischen Geiste Kameradschaft getrunken, um einen Vertrauten zu haben.

»Verbrecher aus Infamie. Eine wahre Geschichte«

Den Schriftsteller überhüpfe die Nachwelt, der nicht mehr wert war als seine Werke – und gerne gestehe ich, daß bei Herausgabe dieser »Thalia« meine vorzügliche Absicht war – zwischen dem Publikum und mir ein Band der *Freundschaft* zu knüpfen.

»Rheinische Thalia« [Ankündigung]

Gelegenheitlich muß ich anmerken, daß ich nunmehr der Meinung bin, daß das Genie wo nicht *unterdrückt*, doch entsetzlich zurückwachsen, zusammenschrumpfen kann, wenn ihm der Stoß von außen fehlt. Man sagt sonst, es hälfe sich in allen Fällen selbst auf – ich glaub es nimmer. Wenn ich mich im weitesten Verstand zum Beispiel setzen kann, so beweist meine jetzige Seelenlage das Gegenteil. Mühsam und wirklich oft wider allen Dank muß ich eine Laune, eine dichterische Stimmung hervorarbeiten, die mich in zehen Minuten bei einem guten denkenden Freunde sonst anwandelt. Oft auch bei einem vortrefflichen Buch oder im offenen Himmel. Es scheint Gedanken lassen sich nur durch Gedanken locken – und unsre Geisteskräfte müssen wie die Saiten eines Instruments durch Geister gespielt werden.

An Wilhelm Friedrich Hermann Reinwald, 21. Februar 1783

Ich stelle mir vor – Jede Dichtung ist nicht anderes, als eine enthusisastische Freundschaft oder platonische Liebe zu einem Geschöpf unsers Kopfes. [...] Wenn Freundschaft und platonische Liebe nur eine Verwechslung eines fremden Wesens mit dem unsrigen, nur eine heftige Begehrung seiner Eigenschaften sind, so sind beide gewissermaßen nur eine andre Wirkung der Dichtungskraft – oder besser: Das, was wir für einen *Freund*, und, was wir für einen Helden unsrer Dichtung empfinden, ist eben das. In beiden Fällen führen wir *uns* durch neue Lagen und Bahnen, wir brechen *uns* auf anderen Flächen, wir sehen *uns* unter andern Farben, wir leiden für *uns* unter andern Leibern. Können wir den Zustand eines Freunds feurig fühlen, so werden wir uns auch für unsere poetischen Helden erwärmen. Aber die Folgerung, daß die Fähigkeit zur Freundschaft und platonischen Liebe sonach auch die Fähigkeit zur großen Dichtung nach sich ziehen müsse, würde sehr übereilt sein. – Denn ich kann einen *großen Charakter* durchaus *fühlen*, ohne ihn *schaffen* zu können. Das aber wäre bewiesen wahr, daß ein *großer* Dichter wenigstens die Kraft zur höchsten Freundschaft besitzen muß, wenn er sie auch nicht immer geäußert hat.

An Wilhelm Friedrich Hermann Reinwald, 14. April 1783

Sie glauben nicht, wie nötig es ist, daß ich edle Menschen finde. Diese müssen mich mit dem ganzen Geschlechte wieder versöhnen, mit welchem ich mich beinahe abgeworfen hätte. Es ist ein Unglück meine Beste, daß gutherzige Menschen so gern in das entgegengesetzte Ende geworfen werden, den *Menschenhaß*, wenn einige unwürdige Charaktere ihre warmen Urteile betrügen. Gerade so ging es mir. Ich hatte die halbe Welt mit der glühendsten Empfindung umfaßt, und am Ende fand ich, daß ich einen kalten Eisklumpen in den Armen hatte.

An Henriette von Wolzogen, 4. Januar 1783

Große Menschen handeln schön, um der moralischen Schönheit willen; gute Menschen handeln schön, um des Gegenstandes willen. Aus jenen wollen wir uns Gesetzgeber, Richter, Könige wählen – aber nur aus diesen unsern Freund.

»Briefe über ›Don Karlos‹«, Eilfter Brief

Jetzt gib mir einen Menschen, gute Vorsicht –
Du hast mir viel gegeben. Schenke mir
Jetzt einen Menschen. Du – du bist allein,
Denn deine Augen prüfen das Verborgne,
Ich bitte dich um einen Freund, denn ich
Bin nicht wie du allwissend. Die Gehülfen,
Die du mir zugeordnet hast, was sie
Mir sind, weißt du. Was sie verdienen, haben
Sie mir gegolten. Ihre zahmen Laster,
Beherrscht vom Zaume, dienen meinen Zwecken,
Wie deine Wetter reinigen die Welt.
Ich brauche Wahrheit – Ihre stille Quelle
Im dunkeln Schutt des Irrtums aufzugraben,
Ist nicht das Los der Könige. Gib mir
Den seltnen Mann mit reinem, offnem Herzen,
Mit hellem Geist und unbefangnen Augen,
Der mir sie finden helfen kann – ich schütte
Die Lose auf; laß unter Tausenden,
Die um der Hoheit Sonnenscheibe flattern,
Den einzigen mich finden.

»Don Karlos«, III,5

Es gibt für mich kein gewisseres und kein höheres Glück in der Welt mehr als der *vollständige* Genuß unsrer Freundschaft, die ganze unzertrennbare Vermengung unsres Daseins, unsrer Freuden und Leiden. Wir haben dieses Ziel noch nicht erreicht, aber ich denke, wir sollen es noch erreichen. […]

Der Anfang und der Umriß unsrer Verbindung war Schwärmerei und das mußte er sein; aber Schwärmerei, glaube mirs, würde auch notwendig ihr Grab sein. Jetzt muß ein ernsthafteres Nachdenken und eine langsame Prüfung ihr Konsistenz und Zuverlässigkeit geben. Jedes unter uns muß dem Interesse des Ganzen einige kleine Leidenschaften abtreten, und eine herzliche Liebe für jedes unter uns muß in uns allen die erste und die herrschende sein. Seid ihr hierin mit mir einig? Wohl. So versichre ich euch, daß es die Grundlage aller Vorkehrungen sein wird, die ich jetzt für mein künftiges Leben treffe und davon für jetzt genug.

An Christian Gottfried Körner, 8./9. August 1787

Mein Abzug aus Rudolstadt ist mir in der Tat schwer geworden, ich habe dort viele schöne Tage gelebt und ein sehr wertes Band der Freundschaft gestiftet. Bei einem geistvollen Umgang, der nicht ganz frei ist von einer schwärmerischen Ansicht der Welt und des Lebens so wie ich sie liebe, fand ich dort Herzlichkeit, Feinheit und Delikatesse, Freiheit von Vorurteilen und sehr viel Sinn für das, was *mir* teuer ist. Dabei genoß ich einer unumschränkten innern Freiheit meines Wesens und die höchste Zwanglosigkeit im äußerlichen Umgang und Du weißt, wie wohl einem bei Menschen ist, denen die Freiheit des andern heilig ist. Dazu kommt, daß ich wirklich fühle, *gegeben* und in gewissem Betrachte wohltätig auf diese Menschen gewirkt zu haben.

An Christian Gottfried Körner, 14. November 1788

In einer größeren Welt bedarf man des Freundes am meisten und ich habe immer in so einfachen Verhältnissen gelebt, daß ich weniger als ein anderer des wechselseitigen Vertrauens und Wohlwollens entraten kann.

An Christoph Wilhelm Hufeland, 16. Juli 1804

Ich schätze diese Eroberung höher, als alle Geschenke, die das Glück zu vergeben hat

Der Wert der Freunde

Sie haben mir selbst einmal gesagt, daß eine ländliche Einsamkeit im Genuß der Freundschaft und schöner Natur Ihre Wünsche ausfüllen könnte. Hier wäre schon eine sehr wesentliche Übereinstimmung zwischen uns. Ich kenne kein höheres Glück.

An Charlotte von Lengefeld, 11. April 1788

Sie haben mich um einen *edeln* Menschen reicher gemacht, und ich schätze diese Eroberung höher, als alle Geschenke, die das Glück zu vergeben hat. Unsere Seelen haben sich berührt, lassen Sie das eine Verwandtschaft unter uns stiften, die der alles verheerenden Zeit mutig Trotz bieten kann.

An Johann Friedrich Kunze, 13. September 1785

Das Knabenjahr unseres Geistes wird jetzo aus sein, wie ich mir einbilde, so auch die Flitterwochen unsrer Freundschaft. Laß unsre Herzen sich jetzo männlich anschließen aneinander, wenig schwärmen, und viel empfinden, wenig projektieren und desto fruchtbarer *handeln*. […]

O ich drücke Dich im Geiste an mein Herz (mein Rodrigo! Möchte ich Dir zurufen). Wenigstens wollen wir Arm in Arm bis vor die Falltüre der Sterblichkeit dringen, wo die Linien zwischen Menschen und Geistern gezogen sind. Enthusiasmus bleibe stets unsre erste treibende Gewalt, unsre Kugel soll wenigstens so kräftig von der Hand emporfliegen, daß der Bogen in den Wolken verschwinden, und ihr Rückfall kaum mehr geglaubt werden soll. Möchtest Du Dich so innig auf unsre Wiedervereinigung freuen als ich!

An Ludwig Ferdinand Huber, 5.Oktober 1785

Liebe und Freundschaft sind das *Beste* und das *einzige Eigentum*, was unsereiner hat und worauf wir einen Wert legen können. Es auf die schönste Art anzulegen ist ein billiger Wunsch; [...] Die Freundschaft ist sehr kennbar an ihren wohltätigen Wirkungen auf Herz und Geist.

An Ludwig Ferdinand Huber, 2. Januar 1789

Es ist eine rechte Gottesgabe um einen weisen und sorgfältigen Freund [...].

An Johann Wolfgang Goethe, 11. Dezember 1798

Hier ist auch gar kein Mensch, an den ich mich als Freund anschließen könnte. Ich bin wie einer, der an eine fremde Küste verschlagen worden und die Sprache des Landes nicht versteht. Meinem Herzen fehlt es ganz und gar an Nahrung, an einer beseelenden Berührung, und, durch keinen Gegenstand um mich her geübt, der mir teuer wäre, verzehrt sich mein Gefühl an wesenlosen Idealen.

An Charlotte von Lengefeld, 24. Juli 1789

Zu meinem Weben und Wirken seid ihr mir unentbehrlich worden. Ich bin sehr wenig oder nichts.

An Christian Gottfried Körner, 29.(?), [30.(?)] Dezember 1786

Alle neue Ideen, die wir erwerben, alle neue Anschauungen der Dinge und unseres eigenen Selbsts würden uns doppelt wichtig, ja sie erhielten erst ihren wahren Wert, wenn wir die Aussicht vor uns hätten, sie unsrer Freundschaft als neue Schätze als neue Genüsse zuzuführen. Wir würden uns beeifern unsern Geist mit neuen Begriffen, unser Herz mit neuen Gefühlen zu bereichern, ebenso wie sich ein edler Mensch seines Vermögens freut, um es mit seinen Freunden zu genießen.

An Caroline von Beulwitz und Charlotte von Lengefeld, 21. [23.] April 1789

JOHANNA: Du tatst dem Himmel diese zweite Bitte.
Wenn es sein hoher Schluß und Wille sei,
Das Zepter deinem Stamme zu entwinden,
Dir alles zu entziehn, was deine Väter,
Die Könige in diesem Reich besaßen,
Drei einz'ge Güter flehtest du ihn an
Dir zu bewahren, die zufriedne Brust,
Des Freundes Herz und deiner Agnes Liebe.

»Die Jungfrau von Orleans«, I,10

Freund und Feind

Teuer ist mir der Freund, doch auch den Feind kann ich nützen,
Zeigt mir der Freund, was ich kann, lehrt mich der Feind, was ich soll.

Die Treue, sag ich euch,
Ist jedem Menschen wie der nächste Blutsfreund,
Als ihren Rächer fühlt er sich geboren.
Der Sekten Feindschaft, der Parteien Wut,
Der alte Neid, die Eifersucht macht Friede,
Was noch so wütend ringt, sich zu zerstören,

Verträgt, vergleicht sich, den *gemeinen* Feind
Der Menschlichkeit, das wilde Tier zu jagen,
Das mordend einbricht in die sichre Hürde,
Worin der Mensch geborgen wohnt – denn ganz
Kann ihn die eigne Klugheit nicht beschirmen.
Nur an die Stirne setzt' ihm die Natur
Das Licht der Augen, fromme Treue soll
Den bloßgegebnen Rücken ihm beschützen.

»Wallensteins Tod«, I,6

Auch jetzo noch, ich schwör's bei meiner Seele,
Säh er uns alle lieber zehnmal tot,
Könnt er den Freund damit ins Leben rufen.

»Wallensteins Tod« IV,7

Die Neigung gibt
Den Freund, es gibt der Vorteil den Gefährten,
Wohl dem, dem die Geburt den Bruder gab,
Ihn kann das Glück nicht geben! Anerschaffen
Ist ihm der Freund, und gegen eine Welt
Voll Kriegs und Truges steht er zweifach da!

»Die Braut von Messina«, I,4

Ich wünschte auch von Ihnen selbst zu hören, wie Sie mit meinem Tell zufrieden sind, es ist ein erlaubter Wunsch; denn bei allem, was ich mache, denke ich, wie es Ihnen gefallen könnte. Der Ratgeber und Richter, der Sie mir so oft in der Wirklichkeit waren, sind Sie mir, in Gedanken, auch noch jetzt, und wenn ich mich, um aus meinem Subjekt herauszukommen, mir selbst gegenüberzustellen versuche, so geschieht es gerne in Ihrer Person und aus Ihrer Seele.

An Wilhelm von Humboldt, 2. April 1805

Offene Worte, Aufopferung, Schnupftabak

Freundschaftsdienste und Freundschaftspflichten

Dein Freund kann unmöglich einen größeren Wert in seine Glücksgüter setzen, als in sein Herz, und sein Herz gab er Dir ja schon. [...]

Über Glücksgüter werden wir beide wohl von einerlei Meinung sein. Süße Empfindung ist es dem edeln Mann, sie zum Wohl eines Freunds anzuwenden. Ihre Aufopferung ist das Werk einer schönen Seele, aber ich hoffe, daß es noch eine größere Tugend und eine süßere Wollust, als diese, gibt. [...]

Für Dein schönes und edles Anerbieten habe ich nur einen einzigen Dank, dieser ist die Freimütigkeit und Freude, womit ich es annehme.

An Christian Gottfried Körner, 11. Juli 1785

Macht sich die Stadt eine Freude daraus, meinen Kameraden wie ein verhetztes Schwein abtun zu sehen, was, zum Henker! sollen wir uns ein Gewissen daraus machen, unserem Kameraden zulieb die Stadt draufgehen zu lassen?

»Die Räuber«, II,3 (»Zwote verbesserte Auflage«)

Mit den Lieblingswerken unsers Geistes ergeht es uns beinahe wie mit unsern Mädchen – endlich werden wir blind für ihre Flecken, und stumpf durch Genuß. Dort wie hier sind kurze Entfernungen, kleine Spannungen oft heilsam, die erlöschende Glut des Affekts wieder anzublasen. Die Flamme der Begeisterung ist keine ewige Flamme. Oft ist es nötig, daß sie von außenher borge, und sich durch sympathetische Reibung erneure. Wie schätzbar sind einem Dichter hier geschmackvolle fühlende Freunde, die über seine Schöpfungen wachen, und das neugeborene Kind seines Genius mit liebevoller Sorgsamkeit warten und pflegen!

Dieser Dienst ist es, den ich bei Vorlegung dieser Fragmente von dem Publikum mir erbitten wollte. Jeder Leser und jede Leserin, welche Wohlwollen genug für den Herausgeber in ihrem Busen fühlen, um für die klassische Vollkommenheit seines Werks bekümmert zu sein – euch aber insbesondere, Schriftsteller meines Vaterlands, deren Namen der Ruhm bereits schon unter den Sternen aufstellte, die ihr jetzt keine schönere Beschäftigung mehr übrig findet, als eurem Schüler und Freund noch die Hand zu reichen, und ihn zu eurer Gemeinschaft emporzuziehn – euch alle fodre ich auf, diesen Versuch eurer Aufmerksamkeit wert zu achten, und mir den Ausspruch eures Gefühls mit der strengsten Offenherzigkeit mitzuteilen. Ich erschrecke vor eurem Tadel nicht. Das Urteil der Welt über diese Fragmente – es falle aus, wie es wolle – wird mich nie in Verlegenheit setzen, denn es ist meine letzte Instanz nicht. Ich nehme es für nichts anders, als den belehrenden Wink meines kritischen Freundes, den ich zu Reinigung meiner Arbeit benutzen kann – aber die Nachwelt ist meine Richterin.

Vorrede zum Abdruck des »Don Karlos« in »Bruchstücken« in der »Rheinischen Thalia«

Guter Humor, Freundschaft, und ein Glas alten Rheinweins werden schon noch zuweilen einen Funken der Begeisterung aus mir schlagen.

An Friedrich Kunze, 7. Dezember 1785

Ich schäme mich meines Daseins bis hieher, und auch in Deinem Namen erröte ich darüber. Glaube mir, es steht unendlich viel in unserer Gewalt, wir haben unser Vermögen nicht gekannt – dieses Vermögen ist die *Zeit*. Eine gewissenhafte sorgfältige Anwendung dieser kann erstaunlich viel aus uns machen. Und wie schön, wie beruhigend ist der Gedanken, durch den bloßen richtigen Gebrauch der Zeit, die unser Eigentum ist, sich selbst und ohne fremde Hilfe, ohne Abhängigkeit von Außendingen, alle Güter des Lebens erwerben zu können. Mit welchem Rechte können wir das Schicksal oder den Himmel darüber belangen, daß er uns weniger als andre begünstigte – Er gab uns Zeit und wir haben alles, sobald wir Verstand und ernstlichen Willen haben, mit diesem Kapitale zu wuchern.

Vielleicht fehlt meiner Vorstellung, die ich Dir hier gebe und gerne eigen machte, das Leben, das zu Deiner Überzeugung verlangt wird. Aber ich gebe die Hoffnung nicht auf, sie Deinem Verstande endlich noch anschaulich zu machen.

Ich weiß nicht, wieviel Du indessen getan hast aber ich wünschte, daß jeder unter uns vor dem andern verlegen würde, zu bekennen, daß er nichts getan hat. Laß mich bald von Deiner Tätigkeit hören. Ich werde Dich desto lieber haben, je mehr ich Dich hochschätzen kann.

An Ludwig Ferdinand Huber, 28. August 1787

Noch einmal, Lieber, der Himmel behüte Dich vor dem desperaten Einfall, Dich an die Schriftstellergaleere zu schmieden. Daß ich meinen Freund davor warnen kann, ist der einzige reine Gewinn, den ich von dieser Erfahrung davongetragen habe.

An Ludwig Ferdinand Huber, 29. Juli 1788

Ich habe aus Bremen einen delikaten weißen Portwein erhalten, wofür ich Ihnen, wertester Freund, aufs verbindlichste danke. Es ist ein wahres Lebensöl, das Herz und Eingeweide stärken wird.

An Johann Friedrich Cotta, 9. August 1803

Meine Seele wird geteilt, beunruhigt, ich stürze aus meinen idealischen Welten, sobald mich ein zerrissener Strumpf an die wirkliche mahnt. Fürs andere brauch ich zu meiner geheimern Glückseligkeit einen rechten wahren Herzensfreund, der mir stets an der Hand ist, wie mein Engel, dem ich meine aufkeimenden Ideen und Empfindungen in der Geburt mitteilen kann, nicht aber erst durch Briefe, oder lange Besuche erst zutragen muß. Schon der nichtsbedeutende Umstand, daß ich, wenn dieser Freund außer meinen 4 Pfählen wohnt, die Straße passieren muß und dergleichen, tödet den Genuß des Augenblicks, und die Gedankenreihe kann zerrissen sein, bis ich ihn habe. [...]

Wenn es möglich zu machen ist, daß ich *eine* Wohnung mit Ihnen beziehen kann, so sind alle meine Besorgnisse darüber gehoben. Ich bin kein schlimmer Nachbar, wie Sie sich vielleicht vorstellen möchten; um mich in einen andern zu schicken, in meinen Freund vorzüglich, habe ich Biegsamkeit genug; und auch hie und da etwas Geschick, dies Fragment des Lebens, wie Yorick sagt, ihm verbessern und aufheitern zu helfen.

An Ludwig Ferdinand Huber, 25. März 1785

[FÜR AUGUST BEHAGHEL VON ADLERSKRON]

Freund, wandle froh auf den betretnen Pfaden,
Verborgen zwar schlingt sich des Schicksals Faden,
Doch lenkt ihn deines Schöpfers Hand –

Und an der Liebe leichtem Rosenband
Will Freundschaft durch das neue Leben
Ermunternd dir zur Seite schweben – [...]

Jena, 16. März 1791 Friedrich Schiller

Ob ich gegen *Sie* offen sein darf, wird vermutlich keine Frage mehr sein. Ich *bin* es, und das ist vielleicht das erste und entschiedenste Unterpfand meiner ausgezeichneten Freundschaft.

An Ludwig Ferdinand Huber, 28. Februar 1785

Was Sie tun, lieber Freund, behalten Sie diese praktische Wahrheit vor Augen, die Ihren unerfahrenen Freund nur zu viel gekostet hat: Wenn man die Menschen braucht, so muß man ein Hundsfott werden, oder sich ihnen unentbehrlich machen. Eins von beiden, oder man sinkt unter. [...]

Wenn Sie Ursache hätten, nicht nach *Wien* zu gehen, so könnte ich Ihnen allenfalls einen andern Ausweg raten, der mir von mehrern Seiten besehen, nicht gar verwerflich scheint: Sie sind jung, weit genug in Ihrer Kunst um brauchbar zu sein, halten Sie sich an einen Meister in einer großen Stadt, von dem Sie wissen, daß er viel Geschäfte hat, lassen Sie sich auch zu dem Handwerksmäßigen Ihrer Kunst herab, machen Sie sich ihm nützlich, so finden Sie erstlich Gelegenheit den Mann zu studieren, finden Brod, und wenn Sie weggehen, Empfehlung. Der große Titian war Raphaels Farbenreiber. Weitgefehlt, daß ihm das schimpflich wäre, macht es seinem Namen nur desto größere Ehre.

An Andreas Streicher, 8. Dezember 1782

Genießen Sie Ihr Glück. Vergessen Sie
Die Welt um sich herum. Es soll die Freundschaft
Indessen wachsam für Sie sorgen, handeln.

»Die Piccolomini«, III,3

Wenn ich Ihre Freundschaft nicht mißbrauche, so haben Sie doch die Güte, ein Pfund guten Schnupftobak für einen armen schmachtenden Freund zu besorgen. Die Überbringerin dieses Briefs hat mir das vorige Mal Rauchtabak dafür gebracht, und versteht sich überhaubt auf die Ware nicht. Weil ich noch nicht weiß wie teuer – werden Sie so gütig sein das Geld bis zur ordinary Rechnung zu avancieren.

An Wilhelm Friedrich Reinhard Reinwald, 23. Dezember 1782

O auch die schönen, freien Regungen
Der Gastlichkeit, der frommen Freundestreue
Sind eine heilige Religion dem Herzen,
Schwer rächen sie die Schauder der Natur
An dem Barbaren, der sie gräßlich schändet.

»Wallensteins Tod«, III,21

Ihr Brief von Weimar hat mir große Freude gemacht. Es gibt gegen Eine Stunde des Muts und Vertrauens immer zehen, wo ich kleinmütig bin und nicht weiß, was ich von mir denken soll. Da kommt mir eine solche Anschauung meiner selbst außer mir recht zum Troste. Auch Herder hat mir über meine Gedichte kürzlich viel Erfreuendes geschrieben.

An Johann Wolfgang Goethe, 16. Oktober 1795

Sorel *zum König*:
O laß ihn nicht im Zorne von dir gehn!
Sein Mund spricht rauhe Worte, doch sein Herz
Ist treu wie Gold, es ist derselbe doch,
Der warm dich liebt und oft für dich geblutet.
Kommt, Dunois! Gesteht, daß Euch die Hitze
Des edeln Zorns zu weit geführt – Du aber
Verzeih dem treuen Freund die heft'ge Rede!
O kommt, kommt! Laßt mich eure Herzen schnell
Vereinigen, eh sich der rasche Zorn
Unlöschbar, der verderbliche, entflammt!

»Die Jungfrau von Orleans«, I,5

Sie haben, teurer Freund, das so gütig übernommene Geschäft [Erbschaftsangelegenheiten nach dem Tod seiner Mutter] völlig meinen Wünschen gemäß beendigt, und ich sehe mich auch hier, wie in allen unsern Verhältnissen, Ihrer Einsicht und freundschaftlichen Sorgfalt unendlich verpflichtet. Wahrlich, ich darf mich eines Freundes rühmen, wie ihn wenige besitzen, der meine Angelegenheiten völlig zu den seinigen macht und in dessen Händen sich alles, was er übernimmt, zu meinem Besten wendet.

An Johann Friedrich Cotta, 10. September 1802

Isolani: Herr Bruder, ich bin nicht
Von denen, die mit Worten tapfer sind,
Und kommt's zur Tat, das Weite schimpflich suchen.
Der Herzog hat als Freund an mir getan,
Weiß Gott, so ist's! Ich bin ihm alles schuldig.
Auf meine Treue kann er baun.

»Wallensteins Tod«, II,5

Sorel *tritt näher*: Die edle Jungfrau seh ich überrascht,
Und ihre Wangen färbt die zücht'ge Scham.
Man geb ihr Zeit, ihr Herz zu fragen, sich
Der Freundin zu vertrauen und das Siegel
Zu lösen von der fest verschloßnen Brust.
Jetzt ist der Augenblick gekommen, wo
Auch ich der strengen Jungfrau schwesterlich
Mich nahen, ihr den treu verschwiegnen Busen
Darbieten darf. – Man laß uns weiblich erst
Das Weibliche bedenken und erwarte,
Was wir beschließen werden.

»Die Jungfrau von Orleans«, III,4

Illo: Sagt's rund heraus, wofür wir Euch zu halten –
Buttler: Für einen Freund! Nehmt meine Hand darauf,
Mit allem, was ich hab, bin ich der Eure.
Nicht Männer bloß, auch Geld bedarf der Fürst.
Ich hab in seinem Dienst mir was erworben,
Ich leih es ihm, und überlebt er mich,
Ist's ihm vermacht schon längst, er ist mein Erbe.
Ich steh allein da in der Welt, und kenne
Nicht das Gefühl, das an ein teures Weib
Den Mann und an geliebte Kinder bindet,
Mein Name stirbt mit mir, mein Dasein endet.

»Die Piccolomini«, IV,4

Gleichheit, Strenge, Engelhuld
Der Freund, wie er sein soll

Sonderbar war es, daß ich mich schon in der ersten Stunde unsers Beisammenseins nicht anders fühlte als hätt ich sie [Charlotte von Kalb] erst gestern verlassen. So einheimisch war mir alles an ihr, so schnell knüpfte sich jeder zerrissene Faden unsers Umgangs wieder an.

An Christian Gottfried Körner, 23.–25. Juli 1787

Ausnahme

»Warum tadelst du manchen nicht öffentlich?« Weil er ein Freund ist;
Wie mein eigenes Herz tadl ich im stillen den Freund.

Die Freundschaft / Ist wahr und kühn.

»Don Karlos«, I,9

Wenigstens bin ich ein guter Mensch – und Ihr Freund. Große Geister finden Sie immer – aber nicht immer diesen. Was hilft Ihnen auch der Mann, dessen Genie eine Welt umspannt, dessen Herz aber für Ihre Freuden und Leiden zu eng – dessen Auge für Ihre Schicksale trocken ist?

An Wilhelm Friedrich Hermann Reinwald, 9. Juni 1783

Bester Freund,

Ihr vorgestriger Besuch hat eine ganz herrliche Wirkung auf mich gehabt. Ich fühle mich doppelt wieder, und wärmeres Leben ergießt sich durch alle meine Nerven. Meine Lage in der Einsamkeit hat meiner Seele das Schicksal eines stehenden Wassers zugezogen, das in Fäulung ginge, wenn es nicht je und je in eine kleine Wallung gebracht würde. Möchte auch ich Ihrem Herzen notwendig werden! Möchten auch Sie bei mir frischer atmen, und Nahrung genug für Ihre Empfindungen finden, so könnte ich hoffen, daß Sie auch künftig einen Bund mit der Gelegenheit machten, und mich durch mehr solche glückliche Überraschungen erfreuten!

An Wilhelm Friedrich Hermann Reinwald, März 1783

Innige Freundschaft, Zusammenschmelzung aller Gefühle, gegenseitige Verehrung und Liebe, Verwechslung und gänzlicher Umtausch des persönlichen Interesse sollen unser Beieinandersein zu einem Eingriff in Elysium machen.

An Christian Gottfried Körner, 10. Februar 1785

Ich glaube fest an jede Freundschaft, die auf den Charakteren ruht, denn man bleibt einander immer notwendig.

An Christian Gottfried Körner, 1. März 1790

Sie waren die *erste* Person, an welcher mein Herz mit *reiner* unverfälschter Zuneigung hing, und eine solche Freundschaft ist über allen Wechsel der Umstände erhaben.

An Henriette von Wolzogen, 11. September 1783

Wenn Freunde, die einander zürnen, sich
Von Angesicht zu Angesicht nun wieder
Zusammenfinden, seht, so müssen sie,

Uneingedenk jedweder vorigen
Beleidigung, sich einzig dessen nur,
Weswegen sie beisammen sind, erinnern!

»Die Phönizierinnen« (Übersetzungsfragment), II,4

Liebe findet nicht statt unter gleichtönenden Seelen, aber unter harmonischen. Mit Wohlgefallen erkenne ich meine Empfindungen wieder in dem Spiegel der deinigen, aber mit feuriger Sehnsucht verschlinge ich die höheren, die mir mangeln. *Eine* Regel leitet Freundschaft und Liebe.

»Philosophische Briefe«, Theosophie des Julius.

Gleichheit knüpft
Den Bundsverwandten mit dem Bundsverwandten,
Den Freund zusammen mit dem Freund, und Länder
Mit Ländern! Gleichheit ist das heilige Gesetz
Der Menschheit.

»Die Phönizierinnen« (Übersetzungsfragment), II,4

Wenn wir jemand mit Leidenschaft umfassen, der unsrer Verachtung würdig ist, so empfinden wir peinlich die *Nötigung der Natur*. Wenn wir gegen einen andern feindlich gesinnt sind, der uns Achtung abnötigt, so empfinden wir peinlich die *Nötigung der Vernunft*. Sobald er aber zugleich unsre Neigung interessiert und unsre Achtung sich erworben, so verschwindet sowohl der Zwang der Empfindung als der Zwang des Gewissens, und wir fangen an, ihn zu lieben, d. h. zugleich mit unsrer Neigung und mit unsrer Achtung zu spielen.

»Über die ästhetische Erziehung des Menschen in einer Reihe von Briefen«, 14. Brief

Engelhuld und göttliches Erbarmen
Rief den Freund zu deinen offnen Armen [...].

»Totenfeier am Grabe Philipp Friederich von Riegers«

Ich will es nicht leugnen, daß ich eine Zeitlang empfindlich auf Dich war. Schon lange ist es bloß meine Tätigkeit, die mir mein Dasein noch erträglich macht, und es kann mir unter diesen Umständen begegnet sein, daß ich diesen subjektiven Wert, den meine neueren Arbeiten *für mich* haben, für *objektiv* nahm, und besser davon dachte, als sie wohl wert sein mögen. Kurz, ich bildete mir ein, sowohl in meinen Briefen vom vergangenen Winter, als in einigen neuern gedruckten Aufsätzen, Ideen ausgestreut zu haben, die einer wärmeren Aufnahme würdig wären, als sie bei Dir fanden. Bei dieser Dürre um mich her wäre es mir wohltätig gewesen, eine Aufmunterung von Dir zu erhalten, und bei der Meinung, die ich von Dir habe, konnte ich mir Dein Stillschweigen oder Deine Kälte nur zu *meinem* Nachteil erklären. Ich brauchte aber wahrhaftig eher Ermunterung als Niederschlagung, denn *zu* großes Vertrauen auf mich selbst ist nie mein Fehler gewesen. Du konntest, wie ich jetzt wohl einsehe, nicht wissen, wie sehr ich Deiner Hilfe bedurfte, Du konntest den Zustand meiner Seele nicht erraten; aber so billig urteilte ich in *denjenigen* Momenten nicht von Dir, wo ich meine Erwartungen und Wünsche getäuscht fand. Daß ich Dir diese Entdeckung jetzt mache, beweist, daß ich über diesen Zustand gesiegt und meine Partei genommen habe. Vergiß also alles, und laß es auf Deine Freiheit gegen mich keinen Einfluß haben.

An Christian Gottfried Körner, 10. Dezember 1793

Ich kann nie von Ihnen gehen, ohne daß etwas in mir gepflanzt worden wäre, und es freut mich, wenn ich für das viele was Sie mir geben, Sie und Ihren innern Reichtum in Bewegung setzen kann. Ein solches auf wechselseitige Perfektibilität gebautes Verhältnis muß immer frisch und lebendig bleiben, und gerade desto mehr an Mannigfaltigkeit gewinnen, je harmonischer es wird und je mehr die Entgegensetzung sich verliert, welche bei so vielen andern allein die Einförmigkeit verhindert. Ich darf hoffen, daß wir uns nach und nach in allem verstehen werden, wovon sich Rechenschaft geben läßt, und in demjenigen, was seiner Natur nach nicht begriffen werden kann, werden wir uns durch die Empfindung nahe bleiben.

An Johann Wolfgang Goethe, 21. Juli 1797

Sei außer Sorgen, daß ich Dich, wenn es zum Treffen kommen sollte, mit meinen Beiträgen stecken lassen werde. Ich weiß, daß Dir an der Ausführung dieses Plans liegt, und das ist mir genug; eine ernsthafte Sache kann ich auch ernsthaft behandeln, und Du sollst mit mir zufrieden sein.

An Christian Gottfried Körner, 15. November 1802

Der Aufpasser

Strenge wie mein Gewissen bemerkst du, wo ich gefehlet;
  Darum hab ich dich stets wie – mein Gewissen geliebt.

Des schönen Lorbeers frisch gebrochnen Zweig
Sind wir bereit, mit unserm Freund zu teilen.

»Die Jungfrau von Orleans«, II,10

Mein Weg muß gerad sein.
Ich kann nicht wahr sein mit der Zunge, mit
Dem Herzen falsch – nicht zusehn, daß mir einer

Als seinem Freunde traut, und mein Gewissen
Damit beschwichtigen, daß er's auf *seine*
Gefahr tut, daß mein Mund ihn nicht belogen.
Wofür mich einer kauft, das muß ich sein.

»Die Piccolomini«, V,3

Es macht / Der Freund des Freundes Kummer zu dem seinen.

»Iphigenie in Aulis (Übersetzung), II,2

»das wohltätigste Ereignis meines ganzen Lebens«

Die Biographie der Dichterfreundschaft zwischen Schiller und Goethe

Die übrigen weimarischen Götter und Götzendiener werde ich in dieser Woche schon expedieren. Wieland soll mir hierin einige politische Maßregeln vorzeichnen. Göthe ist noch in Italien.

An Christian Gottfried Körner, 23.–25. Juli 1787

Dieser Tage bin ich auch in Göthens Garten gewesen beim Major v. Knebel seinem intimen Freund. Göthens Geist hat alle Menschen, die sich zu seinem Zirkel zählen, gemodelt. Eine stolze philosophische Verachtung aller Spekulation und Untersuchung, mit einem bis zur Affektation getriebenen Attachement an die Natur und einer Resignation in seine fünf Sinne, kurz eine gewisse kindliche Einfalt der Vernunft bezeichnet ihn und seine ganze hiesige Sekte. Da sucht man lieber Kräuter oder treibt Mineralogie, als daß man sich in leeren Demonstrationen verfinge. Die Idee kann ganz gesund und gut sein, aber man kann auch viel übertreiben.

An Christian Gottfried Körner, 12./13. August 1787

Ich habe am 28gsten August Göthens Geburtstag mit begehen helfen, den Herr von Knebel in seinem Garten feierte, wo er in Göthens Abwesenheit wohnt. […] Wir fraßen herzhaft und Göthens Gesundheit wurde von mir in Rheinwein getrunken. Schwerlich vermutete er in

Italien, daß er mich unter seinen Hausgästen habe, aber das Schicksal fügt die Dinge gar wunderbar.

An Christian Gottfried Körner, 29. August 1787

Göthens Zurückkunft ist ungewiß und seine ewige Trennung von Staatsgeschäften bei vielen schon wie entschieden. Während er in Italien malt, müssen die Vogts und Schmidts für ihn wie die Lasttiere schwitzen. Er verzehrt in Italien für Nichtstun eine Besoldung von 18 000 Thal. Und sie müssen für die Hälfte des Gelds doppelte Lasten tragen.

An Christian Gottfried Körner, 19. Dezember 1787

Goethes fünften Teil [der Ausgabe seiner Werke] habe ich vor einer Stunde unter anderen Recensendis [zu rezensierenden Büchern] aus Jena erhalten. Ich freue mich auf die Recension des Egmont; jetzt habe ich nur einen Blick hineinwerfen können und schon viel Vortreffliches entdeckt.

An Christian Gottfried Körner, 17. [15.] Mai 1788

Göthe ist jetzt bei Ihnen. Ich bin ungeduldig, ihn zu sehen. Wenige Sterbliche haben mich noch so interessiert. Wenn Sie mir wieder schreiben, liebster Freund, so bitte ich Sie, mir von Göthen viel zu schreiben. Sprechen Sie ihn, so sagen Sie ihm alles Schöne von meinetwegen, was sich sagen läßt. Die Iphigenia hat mir wieder einen recht schönen Tag gemacht, obschon ich das Vergnügen, das sie mir gibt, mit der niedergeschlagenen Empfindung büßen muss, nie etwas Ähnliches hervorbringen zu können.

An Cornelius Johann Rudolph Ridel, 7. Juli 1788

Er [Heinse] ist einer von diesen Köpfen, die nichts so Merkwürdiges schreiben können als sie selbst sind, und seine Augenblicke vor dem Schreibtisch sind gewiß nicht die schönsten seines Geists. Von dieser Art glaube ich ist auch Göthe (der nunmehr wieder in Weimar tagelöhnert. Ich werde ihn vielleicht in einigen Wochen hier in der Gegend sehen).

An Ludwig Ferdinand Huber, 29. Juli 1788

Endlich kann ich Dir von *Göthen* erzählen, worauf Du, wie ich weiß, sehr begierig wartetest. Ich habe vergangenen Sonntag beinahe ganz in seiner Gesellschaft zugebracht [...]. Sein erster Anblick stimmte die hohe Meinung ziemlich tief herunter, die man mir von dieser anziehenden und schönen Figur beigebracht hatte. Er ist von mittlerer Größe, trägt sich steif und geht auch so, sein Gesicht ist verschlossen, aber sein Auge sehr ausdrucksvoll, lebhaft und man hängt mit Vergnügen an seinem Blick. Bei vielem Ernst hat seine Miene doch viel Wohlwollendes und Gutes. Er ist brünett, und schien mir älter auszusehen als er meiner Berechnung nach wirklich sein kann. Seine Stimme ist überaus angenehm, seine Erzählung fließend, geistvoll und belebt, man hört ihn mit überaus viel Vergnügen; und wenn er bei gutem Humor ist, welches diesmal so ziemlich der Fall war, spricht er gern und mit Interesse.

Unsere Bekanntschaft war bald gemacht, und ohne den mindesten Zwang; freilich war die Gesellschaft zu groß und alles auf seinen Umgang zu eifersüchtig, als daß ich viel allein mit ihm hätte sein oder etwas anders als allgemeine Dinge mit ihm sprechen können. [...]

Im ganzen genommen ist meine in der Tat große Idee von ihm nach dieser persönlichen Bekanntschaft nicht vermindert worden, aber ich zweifle, ob wir einander je sehr nahe rücken werden. Vieles was *mir* jetzt noch interessant ist, was ich noch zu wünschen und zu hoffen habe, hat seine Epoche bei ihm durchlebt, er ist mir, (an Jahren weniger als Lebenserfahrung und Selbstentwicklung) so weit voraus, daß wir unterwegs nie mehr zusammenkommen werden, und sein ganzes Wesen ist schon von Anfang her anders angelegt als das meinige, seine Welt ist nicht die meinige, unsere Vorstellungsarten scheinen wesentlich verschieden.

Indessen schließt sichs aus einer solchen Zusammenkunft nicht sicher und gründlich.

Die Zeit wird das Weitere lehren.

An Christian Gottfried Körner, 12. September 1788

Du wirst in zwei oder drei Monaten aller Wahrscheinlichkeit nach die Nachricht erhalten, daß ich Professor der Geschichte in Jena worden bin [...]. Göthe beförderte es gleichfalls mit Lebhaftigkeit, und machte mir selbst Mut dazu.

An Christian Gottfried Körner, 15. Dezember 1788

Göthen habe ich unterdessen einmal besucht. Er ist bei dieser Sache [der Professur] überaus tätig gewesen, und zeigt viele Teilnehmung an dem, was er glaubt, daß es zu meinem Glück beitragen werde.

An Caroline von Beulwitz und Charlotte von Lengefeld, 23. Dezember 1788

Öfters um Goethe zu sein, würde mich unglücklich machen: er hat auch gegen seine nächsten Freunde kein Moment der Ergießung, er ist an nichts zu fassen; ich glaube in der Tat, er ist ein Egoist in ungewöhnlichem Grade. Er besitzt das Talent, die Menschen zu fesseln, und durch kleine sowohl als große Attentionen sich verbindlich zu machen; aber sich selbst weiß er immer frei zu behalten. Er macht seine Existenz wohltätig kund, aber nur wie ein Gott, ohne sich selbst zu geben – dies scheint mir eine konsequente und planmäßige Handlungsart, die ganz auf den höchsten Genuß der Eigenliebe kalkuliert ist. Ein solches Wesen sollten die Menschen nicht um sich herum aufkommen lassen. Mir ist er dadurch verhaßt, ob ich gleich seinen Geist von ganzem Herzen liebe und groß von ihm denke. Ich betrachte ihn wie eine stolze Prüde, der man ein Kind machen muß, um sie vor der Welt zu demütigen, und an meinem guten Willen liegt es nicht, wenn ich nicht einmal mit der ganzen Kraft, die ich in mir aufbieten kann, einen Streich auf ihn führe, und in einer Stelle, die ich bei ihm für die tödlichste halte. Eine ganz sonderbare Mischung von Haß und Liebe ist es, die er in mir erweckt hat, eine Empfindung, die derjenigen nicht ganz unähnlich ist, die Brutus und Cassius gegen Caesar gehabt haben müssen; ich könnte seinen Geist umbringen und ihn wieder von Herzen lieben. Goethe hat auch viel Einfluß darauf, daß ich mein Gedicht gern recht vollendet wünsche. An seinem Urteile liegt mir überaus viel. Die Götter Griechenlands hat er sehr günstig beurteilt; nur zu lang hat er sie gefunden, worin er auch nicht unrecht haben mag. Sein Kopf ist reif, und sein Urteil über mich wenigstens eher gegen mich als für mich parteiisch. Weil mir nun überhaupt nur daran liegt, Wahres von mir zu hören, so ist dies gerade der Mensch unter allen, die ich kenne, der mir diesen Dienst tun kann. Ich will ihn auch mit Lauschern umgeben, denn ich selbst werde ihn nie über mich befragen.

An Christian Gottfried Körner, 2. Februar 1789

Was Sie von Göthen schreiben, mag allerdings wahr sein – aber was folgt daraus? Wenn ich auf einer wüsten Insel oder auf dem Schiff mit ihm allein wäre, so würde ich allerdings weder Zeit noch Mühe scheuen diesen verworrenen Knäuel seines Charakters aufzulösen. Aber da ich nicht an dieses einzige Wesen gebunden bin, da jeder in der Welt, wie Hamlet sagt, seine Geschäfte hat, so habe ich auch die meinigen; und man hat wahrlich zu wenig *bares* Leben, um Zeit und Mühe daran zu wenden, Menschen zu entziffern, die schwer zu entziffern sind. Ist er ein so ganz liebenswürdiges Wesen, so werde ich das einmal in jener Welt erfahren wo wir alle Engel sind.

Im Ernst, ich habe zuviel Trägheit und zuviel Stolz, einem Menschen abzuwarten, bis er sich mir entwickelt hat.

An Caroline von Beulwitz, 25. Februar 1789

Ich muß lachen, wen ich nachdenke, was ich Dir von und über Göthen geschrieben haben mag. Du wirst mich wohl recht in meiner Schwäche gesehen und im Herzen über mich gelacht haben, aber mag es immer. Ich will mich gerne von Dir kennen lassen, wie ich bin. Dieser Mensch, dieser Göthe ist mir einmal im Wege, und er erinnert mich so oft, daß das Schicksal mich hart behandelt hat. Wie leicht ward *sein* Genie von seinem Schicksal getragen, und wie muß ich bis auf diese Minute noch kämpfen!

An Christian Gottfried Körner, 9. März 1789

Ich habe schon gedacht, wie es vielleicht möglich wäre, unsre Vereinigung auf das Frühjahr durch *Göthen* zu befördern, und die Idee wird mir immer ansehnlicher je mehr ich darüber nachdenke. […] Wie wär es nun, wenn wir uns *Göthen* anvertrauten, so daß er sich für unser Verhältnis interessiert, daß es ihm gleichsam in die Hände gegeben wird. Er wird nicht ohne Anteil dafür sein, und in solchen Sachen Vertrauen zu erfahren, mit wirken zu können schmeichelt einem jeden; *Göthe* besonders ist nicht ohne Sinn für Verhältnisse von der Art. Er würde sein Interesse daran auch vielleicht dem Herzog mitteilen [...].

An Charlotte von Lengefeld, 8. Dezember 1789

Göthen habe ich nicht gesehen, auch noch nichts von ihm gehört. Ich würde mich freuen, wenn ich ihm mehr sein könnte.

An Caroline von Beulwitz und Charlotte von Lengefeld, 21. Dezember 1789

Er [Goethe] war gestern bei uns, und das Gespräch kam bald auf Kant. Interessant ists, wie er alles in seine eigne Art und Manier kleidet und überraschend zurückgibt, was er las, aber ich möchte doch nicht gerne über Dinge, die mich sehr nah interessieren, mit ihm streiten. Es fehlt ihm ganz an der herzlichen Art, sich zu irgend etwas zu *bekennen*. Ihm ist die ganze Philosophie subjektivisch und da hört denn Überzeugung und Streit zugleich auf. Seine Philosophie mag ich auch nicht ganz. Sie holt zuviel aus der Sinnenwelt, wo ich aus der Seele hole. Überhaupt ist seine Vorstellungsart zu sinnlich und *betastet* mir zuviel. Aber sein Geist wirkt und forscht nach allen Direktionen und strebt, sich ein Ganzes zu erbauen, und das macht mir ihn zum großen Mann.

Übrigens ergehts ihm närrisch genug. Er fängt an alt zu werden, und die so oft von ihm gelästerte Weiberliebe scheint sich an ihm rächen zu wollen. Er wird, wie ich fürchte, eine Torheit begehen und das gewöhnliche Schicksal eines alten Hagestolz haben. Sein Mädchen ist eine ziemlich berüchtigte M[amse]lle Vulpius, die ein Kind von ihm hat, und sich nun in seinem Hause fast so gut als etabliert hat.

An Christian Gottfried Körner, 1. November 1790

Reineke Fuchs von Göthe hast Du ohne Zweifel schon in Händen. Mir behagt er ungemein, besonders um des homerischen Tones willen, der ohne Affektation darin beobachtet ist.

An Christian Gottfried Körner, 12. Juni 1794

Hochwohlgeborner Herr,
hochzuverehrender Herr Geheimer Rat.

Beiliegendes Blatt enthält den Wunsch einer, Sie unbegrenzt hochschätzenden, Gesellschaft, die Zeitschrift von der die Rede ist, mit Ihren Beiträgen zu beehren, über deren Rang und Wert nur *eine* Stimme unter uns sein kann. Der Entschluß Euer Hochwohlgeboren, diese Unternehmung durch Ihren Beitritt zu unterstützen, wird für den glücklichen Erfolg derselben entscheidend sein, und mit größter Bereitwilligkeit unterwerfen wir uns allen Bedingungen, unter welchen Sie uns denselben zusagen wollen. [...]

Je größer und näher der Anteil ist, dessen Sie unsre Unternehmung würdigen, desto mehr wird der Wert derselben bei demjenigen Publikum steigen, dessen Beifall uns der wichtigste ist.
Hochachtungsvoll verharre ich

Euer Hochwohlgebornen
gehorsamster Diener und aufrichtiger
Verehrer
F. Schiller

An Johann Wolfgang Goethe, 13. Juni 1794

Man brachte mir gestern die angenehme Nachricht, daß Sie von Ihrer Reise wieder zurückgekommen seien. Wir haben also wieder Hoffnung, Sie vielleicht bald einmal bei uns zu sehen, welches ich an meinem Teil herzlich wünsche. Die neulichen Unterhaltungen mit Ihnen haben meine ganze Ideen-Masse in Bewegung gebracht, denn sie betrafen einen Gegenstand, der mich seit etlichen Jahren lebhaft beschäftigt. Über so manches, worüber ich mit mir selbst nicht recht einig werden konnte, hat die Anschauung Ihres Geistes (denn so muß ich den Totaleindruck Ihrer Ideen auf mich nennen) ein unerwartetes Licht in mir angesteckt. Mir fehlte das Objekt, der Körper, zu mehreren spekulativischen Ideen, und Sie brachten mich auf die Spur davon. Ihr beobachtender Blick, der so still und rein auf den Dingen ruht, setzt Sie nie in Gefahr, auf den Abweg zu geraten, in den sowohl die Spekulation als die willkürliche und bloß sich selbst gehorchende Einbildungskraft sich so leicht verirrt. In Ihrer richtigen Intuition liegt alles und weit vollständiger, was die Analysis mühsam sucht, und nur weil es als ein Ganzes in Ihnen liegt, ist Ihnen Ihr eigener Reichtum verborgen; denn leider wissen wir nur das, was wir scheiden. Geister Ihrer Art wissen daher selten, wie weit sie gedrungen sind, und wie wenig Ursache sie haben, von der Philosophie zu borgen, die nur von Ihnen lernen kann. Diese kann bloß zergliedern, was ihr gegeben wird, aber das Geben selbst ist nicht die Sache des Analytikers, sondern des Genies, welches unter dem dunkeln, aber sichern Einfluß reiner Vernunft nach objektiven Gesetzen verbindet.

Lange schon habe ich, obgleich aus ziemlicher Ferne, dem Gang Ihres Geistes zugesehen, und den Weg, den Sie Sich vorgezeichnet haben, mit immer erneuerter Bewunderung bemerkt. Sie suchen das Notwendige der Natur, aber Sie suchen es auf dem schweresten Wege, vor welchem jede schwächere Kraft sich wohl hüten wird. Sie nehmen die ganze Natur zusammen, um über das Einzelne Licht zu bekommen, in der Allheit ihrer Erscheinungsarten suchen sie den Erklärungsgrund für das Individuum auf. Von der einfachen Organisation steigen Sie, Schritt vor Schritt, zu der mehr verwickelten hinauf, um endlich die verwickeltste von allen, den Menschen, genetisch aus den Materialien des ganzen Naturgebäudes zu erbauen. Dadurch, daß Sie ihn der Natur gleichsam nacherschaffen, suchen Sie in seine verborgene Technik einzudringen. Eine große und wahrhaft heldenmäßige Idee, die zur Genüge zeigt, wie sehr Ihr Geist das reiche Ganze seiner Vorstellungen in einer schönen Einheit zusammenhält. Sie können niemals gehofft haben, daß Ihr Leben zu einem solchen Ziele zureichen werde, aber einen solchen Weg auch nur einzuschlagen, ist mehr wert, als jeden andern zu endigen, – und Sie haben gewählt, wie Achill in der Ilias zwischen Phthia und der Unsterblichkeit. Wären Sie als ein Grieche, ja nur als ein Italiener geboren worden, und hätte schon von der Wiege an eine auserlesene Natur und eine idealisierende Kunst Sie umgeben, so wäre Ihr Weg unendlich verkürzt, vielleicht ganz überflüssig gemacht worden. Schon in die erste Anschauung der Dinge hätten Sie dann die Form des Notwendigen aufgenommen, und mit Ihren ersten Erfahrungen hätte sich der große Stil in Ihnen entwickelt. Nun, da Sie ein Deutscher geboren sind, da Ihr griechischer Geist in diese nordische Schöpfung geworfen wurde, so blieb Ihnen keine andere Wahl, als entweder selbst zum nordischen Künstler zu werden, oder Ihrer Imagination das, was ihr die Wirklichkeit vorenthielt, durch Nachhülfe der Denkkraft zu ersetzen, und so gleichsam von innen heraus und auf einem rationalen Wege ein Griechenland zu gebären. In derjenigen Lebensepoche, wo die Seele sich aus der äußern Welt ihre innere bildet, von mangelhaften Gestalten umringt, hatten Sie schon eine wilde und nordische Natur in sich aufgenommen, als Ihr siegendes, seinem Material überlegenes Genie diesen Mangel von innen entdeckte, und von außen her durch die Bekanntschaft mit der griechischen Natur davon vergewissert wurde. Jetzt mußten Sie die alte, Ihrer Einbildungskraft schon aufgedrungene schlechtere Natur nach dem besseren Muster, das Ihr bildender

Geist sich erschuf, korrigieren, und das kann nun freilich nicht anders als nach leitenden Begriffen vonstatten gehen. Aber diese logische Richtung, welche der Geist bei der Reflexion zu nehmen genötiget ist, verträgt sich nicht wohl mit der ästhetischen, durch welche allein er bildet. Sie hatten also eine Arbeit mehr, denn so wie Sie von der Anschauung zur Abstraktion übergingen, so mußten Sie nun rückwärts Begriffe wieder in Intuitionen umsetzen, und Gedanken in Gefühle verwandeln, weil nur durch diese das Genie hervorbringen kann.

So ungefähr beurteile ich den Gang Ihres Geistes, und ob ich recht habe, werden Sie selbst am besten wissen. Was Sie aber schwerlich wissen können (weil das Genie sich immer selbst das größte Geheimnis ist), ist die schöne Übereinstimmung Ihres philosophischen Instinktes mit den reinsten Resultaten der spekulierenden Vernunft. Beim ersten Anblicke zwar scheint es, als könnte es keine größern Opposita geben, als den spekulativen Geist, der von der Einheit, und den intuitiven, der von der Mannigfaltigkeit ausgeht. Sucht aber der erste mit keuschem und treuem Sinn die Erfahrung, und sucht der letzte mit selbsttätiger freier Denkkraft das Gesetz, so kann es gar nicht fehlen, daß sich beide einander auf halbem Wege begegnen werden. Zwar hat der intuitive Geist nur mit Individuen und der spekulative nur mit Gattungen zu tun. Ist aber der intuitive genialisch, und sucht er in dem empirischen den Charakter der Notwendigkeit auf, so wird er zwar immer Individuen, aber mit dem Charakter der Gattung erzeugen; und ist der spekulative Geist genialisch, und verliert er, indem er sich darüber erhebt, die Erfahrung nicht, so wird er zwar immer nur Gattungen aber mit der Möglichkeit des Lebens und mit gegründeter Beziehung auf wirkliche Objekte erzeugen.

Aber ich bemerke, daß ich anstatt eines Briefes eine Abhandlung zu schreiben im Begriff bin – verzeihen Sie es dem lebhaften Interesse, womit dieser Gegenstand mich erfüllt hat; und sollten Sie Ihr Bild in diesem Spiegel nicht erkennen, so bitte ich sehr, fliehen Sie ihn darum nicht. [...]

Es wäre nun doch gut, wenn man das neue Journal [»Die Horen«] bald in Gang bringen könnte, und da es Ihnen vielleicht gefällt, gleich das erste Stück desselben zu eröffnen, so nehme ich mir die Freiheit, bei Ihnen anzufragen, ob Sie Ihren Roman nicht nach und nach darin erscheinen lassen wollen? Ob und wie bald Sie ihn aber auch für unser Journal bestimmen, so würden Sie mir durch Mitteilung desselben eine sehr große Gunst erzeigen. Meine Freunde so wie meine Frau empfehlen sich Ihrem gütigen Andenken, und ich verharre hochachtungsvoll
Ihr
gehorsamster D[iene]r
F. Schiller.

An Johann Wolfgang Goethe, 23. August 1794

Bei meiner Zurückkunft aus Weißenfels, wo ich mit meinem Freunde Körner aus Dresden eine Zusammenkunft gehabt, erhielt ich Ihren vorletzten Brief, dessen Inhalt mir doppelt erfreulich war. Denn ich ersehe daraus, daß ich in meiner Ansicht Ihres Wesens Ihrem eigenen Gefühl begegnete, und daß Ihnen die Aufrichtigkeit, mit der ich mein Herz darin sprechen ließ, nicht mißfiel. Unsre späte, aber mir manche schöne Hoffnung erweckende, Bekanntschaft, ist mir abermals ein Beweis, wieviel besser man oft tut, den Zufall machen zu lassen, als ihm durch zu viele Geschäftigkeit vorzugreifen. Wie lebhaft auch immer mein Verlangen war, in ein näheres Verhältnis zu Ihnen zu treten, als zwischen dem Geist des Schriftstellers und seinem aufmerksamsten Leser möglich ist, so begreife ich doch nunmehr vollkommen, daß die so sehr verschiedenen Bahnen, auf denen Sie und ich wandelten, uns nicht wohl früher, als gerade jetzt, mit Nutzen zusammenführen konnten. Nun kann ich aber hoffen, daß wir, soviel von dem Wege noch übrig sein mag, in Gemeinschaft durchwandeln werden, und mit um so größerm Gewinn, da die letzten Gefährten auf einer langen Reise sich immer am meisten zu sagen haben.

Erwarten Sie bei mir keinen großen materialen Reichtum von Ideen; dies ist es was ich bei Ihnen finden werde. Mein Bedürfnis und Streben ist, aus wenigem viel zu machen, und wenn Sie meine Armut an allem was man erworbene Erkenntnis nennt, einmal näher kennen sollten, so finden Sie vielleicht, daß es mir in manchen Stücken damit mag gelungen sein. Weil mein Gedankenkreis kleiner ist, so durchlaufe ich ihn eben darum schneller und öfter, und kann eben darum meine kleine Barschaft besser nutzen, und eine Mannigfaltigkeit, die dem Inhalte fehlt, durch die Form erzeugen. Sie bestreben sich Ihre große Ideenwelt zu simplifizieren, ich suche Varietät für meine kleinen Besitzungen. Sie haben ein Königreich zu regieren, ich nur eine etwas zahlreiche Familie von Begriffen, die ich herzlich gern zu einer kleinen Welt erweitern möchte.

Ihr Geist wirkt in einem außerordentlichen Grade intuitiv, und alle Ihre denkenden Kräfte scheinen auf die Imagination, als ihre gemeinschaftliche Repräsentantin, gleichsam kompromittiert zu haben. Im Grund ist dies das Höchste, was der Mensch aus sich machen kann, sobald es ihm gelingt, seine Anschauung zu generalisieren und seine Empfindung gesetzgebend zu machen. Darnach streben Sie, und in wie hohem Grade haben Sie es schon erreicht! *Mein* Verstand wirkt eigentlich mehr symbolisierend, und so schwebe ich, als eine Zwitterart, zwischen dem Begriff und der Anschauung, zwischen der Regel und der Empfindung, zwischen dem technischen Kopf und dem Genie. Dies ist es, was mir, besonders in frühern Jahren, sowohl auf dem Felde der Spekulation als der Dichtkunst ein ziemlich linkisches Ansehen gegeben; denn gewöhnlich übereilte mich der Poet, wo ich philosophieren sollte, und der philosophische Geist, wo ich dichten wollte. Noch jetzt begegnet es mir häufig genug, daß die Einbildungskraft meine Abstraktionen, und der kalte Verstand meine Dichtung stört. Kann ich dieser beiden Kräfte insoweit Meister werden, daß ich einer jeden durch meine Freiheit ihre Grenzen bestimmen kann, so erwartet mich noch ein schönes Los; leider aber, nachdem ich meine moralischen Kräfte recht zu kennen und zu gebrauchen angefangen, droht eine Krankheit, meine physischen zu untergraben. Eine große und allgemeine Geistesrevolution werde ich schwerlich Zeit haben in mir zu vollenden, aber ich werde tun was ich kann, und wenn endlich das Gebäude zusammenfällt, so habe ich doch vielleicht das Erhaltungswerte aus dem Brande geflüchtet.

Sie wollten, daß ich von mir selbst reden sollte, und ich machte von dieser Erlaubnis Gebrauch. Mit Vertrauen lege ich Ihnen diese Geständnisse hin, und ich darf hoffen, daß Sie sie mit Liebe aufnehmen.

Ich enthalte mich heute ins Detail Ihres Aufsatzes zu gehen, der unsre Unterhaltungen über diesen Gegenstand gleich auf die fruchtbarste Spur einleitet. Meine eigenen, auf einem verschiedenen Wege angestellten Recherchen haben mich auf ein ziemlich damit übereinstimmendes Resultat geführt, und in beifolgenden Papieren finden Sie vielleicht Ideen, die den Ihrigen begegnen. Sie sind vor anderthalb Jahren hingeworfen worden, und sowohl in dieser Rücksicht, als ihrer lokalen Veranlassung wegen (denn sie waren für einen nachsichtigen Freund bestimmt) kann ihre rohe Gestalt auf Entschuldigung Anspruch machen. Seitdem haben sie allerdings ein besseres Fundament und eine größere Bestimmtheit in mir erhalten, die sie den Ihrigen ungleich näher bringen dürfte.

Daß Wilh[elm]. Meister für unser Journal verloren sein soll, kann ich nicht genug beklagen. Indessen hoffe ich von Ihrem fruchtbaren Geiste und Ihrem freund-

schaftlichen Eifer für unsre Unternehmung einen Ersatz dieses Verlustes, wobei die Freunde Ihres Genius alsdann doppelt gewinnen. In dem Stück der Thalia, die ich hier beilege, finden Sie einige Ideen von Körner über Deklamation, die Ihnen nicht mißfallen werden. Alles bei uns empfiehlt sich Ihrem freundschaftlichen Andenken, und ich bin mit der herzlichsten Verehrung
der Ihrige
Schiller.

An Johann Wolfgang Goethe, 31. August 1794

Bei meiner Zurückkunft fand ich einen sehr herzlichen Brief von Goethe, der mir nun endlich mit Vertrauen entgegenkommt. Wir hatten vor sechs Wochen über Kunst und Kunsttheorie ein langes und breites gesprochen, und uns die Hauptideen mitgeteilt, zu denen wir auf ganz verschiedenen Wegen gekommen waren. Zwischen diesen Ideen fand sich eine unerwartete Übereinstimmung, die um so interessanter war, weil sie wirklich aus der größten Verschiedenheit der Gesichtspunkte hervorging. Ein jeder konnte dem andern etwas geben, was ihm fehlte, und etwas dafür empfangen. Seit dieser Zeit haben diese ausgestreuten Ideen bei Goethe Wurzel gefaßt, und er fühlt jetzt ein Bedürfnis, sich an mich anzuschließen und den Weg, den er bisher allein und ohne Aufmunterung betrat, in Gemeinschaft mit mir fortzusetzen. Ich freue mich sehr auf einen für mich so fruchtbaren Ideenwechsel, und was sich davon in Briefen mitteilen läßt, soll Dir getreulich berichtet werden. Gestern erhielt ich schon einen Aufsatz von ihm, worin er die Erklärung der Schönheit: daß sie Vollkommenheit mit Freiheit sei, auf organische Naturen anwendet.

An Christian Gottfried Körner, 1. September 1794

Von allen Orten her erfahre ich jetzt wie sehr sich Göthe über die Bekanntschaft mit mir freut. An Meiern in Dresden hat er, wie Körner schreibt, vieles darüber geschrieben und auch mit der Stein viel davon gesprochen.

An Charlotte Schiller, 12. September 1794

Ich bringe die meiste Zeit des Tages mit Göthen zu, so daß ich, bei meinem langen Schlafen, kaum für die nötigsten Briefe noch Zeit übrig habe. Vor einigen Tagen waren wir von halb 12 wo ich angezogen war bis nachts um 11 Uhr ununterbrochen beisammen. Er las mir seine Elegien, die zwar schlüpfrig und nicht sehr dezent sind, aber zu den besten Sachen gehören, die er gemacht hat. Sonst sprachen wir sehr viel von seinen und meinen Sachen, von anzufangenden und angefangenen Trauerspielen u. dgl. Ich habe ihm meinen Plan zu den Maltesern gesagt, und nun läßt er mir keine Ruhe, daß ich ihn bis zum Geburtstag der reg[ierenden]. Herzogin, wo er ihn spielen lassen will, doch vollenden möchte.

An Charlotte Schiller, 20. September 1794

Ich sehe mich wieder hier, aber mit meinem Sinn bin ich noch immer in Weimar. Es wird mir Zeit kosten, alle die Ideen zu entwirren, die Sie in mir aufgeregt haben; aber keine einzige, hoffe ich, soll verloren sein. Es war meine Absicht, diese vierzehn Tage bloß dazu anzuwenden, so viel von Ihnen zu empfangen, als meine Rezeptivität erlaubt; die Zeit wird es nun lehren, ob diese Aussaat bei mir aufgehen wird.

An Johann Wolfgang Goethe, 29. September 1794

Überhaupt bin ich in diesem Sommer endlich mit Göthen genau zusammengekommen, und es vergeht keine

Woche, daß wir einander nicht sehen oder schreiben. Vor einiger Zeit habe ich mehrere Wochen in W[eimar] bei ihm gewohnt, und konnte ihn ganz in seinem Wesen kennenlernen. Er ist ein höchst interessanter Charakter in jedem Betracht, und seine Sphäre ist so weit ausgebreitet. In naturhistorischen Dingen ist er trefflich bewandert und voll großer Blicke, die auf die Ökonomie des organischen Körpers ein herrliches Licht werfen. Sein Dichtergeist ist noch ganz und gar nicht ausgelöscht, nur hat er sich seit einiger Zeit auf alle Teufeleien eingelassen, davon Du in den ersten Stücken des Journals Proben finden wirst.

An Friedrich von Hoven, 22. November 1794

Dieser Tage hat mir Göthe die Aushängebogen von dem 1 Buch s[eine]s Romans mitgeteilt, welche meine Erwartungen wirklich übertroffen haben. Er ist darin ganz Er selbst: zwar viel ruhiger und kälter als im Werther, aber eben so wahr, so individuell, so lebendig, und von einer ungemeinen Simplizität. Mitunter wird man auch von einzelnen auffahrenden Funken eines jugendlich feurigen Dichtergeists ergriffen. Durch das Ganze, soweit ich davon las, herrscht ein großer, klarer und stiller Sinn, eine heitre Vernunft, und eine Innigkeit, welche zeigt, wie ganz er bei diesem Produkt gegenwärtig war.

An Christian Gottfried Körner, 19. Dezember 1794

Meine besten Wünsche zu dem neuen Jahre, und noch einen herzlichen Dank für das verflossene, das mir durch Ihre Freundschaft vor allen übrigen ausgezeichnet und unvergeßlich ist.

An Johann Wolfgang Goethe, 2. Januar 1795

Ich habe Sie seit Ihrer Abreise jeden Abend vermißt; man gewöhnt sich so gern an das Gute.

An Johann Wolfgang Goethe, 4. Mai 1795

Göthe versichert mir, daß die Beschwerden, die ich ihm über das VIte Buch des Meisters machte, in dem achten beantwortet und hinweggeräumt seien. Ich hatte ihn merken lassen, was ich gewünscht hätte, daß vorzüglich berührt worden wäre, und was, nach meiner Meinung, noch mehr in dem Gegenstande läge, als er angedeutet hätte. Bei dieser Gelegenheit habe ich aufs neue erfahren, daß man ihm sehr viel Wahrheit sagen kann.

An Wilhelm von Humboldt, 21. August 1795

Nur ein kleines Lebenszeichen. Ich kann mich gar nicht daran gewöhnen, Ihnen 8 Tage nichts zu sagen und nichts von Ihnen zu hören.

An Johann Wolfgang Goethe, 13. September 1795

Zu dem neuen Hausgenossen gratuliere ich im voraus. Lassen Sie ihn immer ein Mädchen sein, so können wir uns noch am Ende miteinander verschwägern.

An Johann Wolfgang Goethe, 26. Oktober 1795

Göthe ist seit dem 5ten hier und bleibt diese Tage noch hier, um meinen Geburtstag mit zu begehen. Wir sitzen von Abend um 5 Uhr bis Nachts 12 auch 1 Uhr beisammen und schwatzen.

An Wilhelm von Humboldt, 9. November 1795

Göthe und ich arbeiten schon seit einigen Wochen an einem gemeinschaftlichen Opus für den neuen Almanach, welches eine wahre poetische Teufelei sein wird, die noch kein Beispiel hat.

An Christian Gottfried Körner, 18. Januar 1796

Darf ich Sie mit einem kleinen Auftrage belästigen? Ich wünschte 63 Ellen Tapeten von schöner grüner Farbe und 62 E. Einfassung, welche ich ganz Ihrem Geschmack und Ihrer Farbentheorie überlasse. Wollten Sie Herrn Gerning darnach schicken, und allenfalls Ordre geben, daß ich sie in 6 bis 8 Tagen haben kann?

An Johann Wolfgang Goethe, 22. Januar 1796

Daß ich auf dem Wege, den ich nun einschlage, in Göthens Gebiet gerate und mich mit ihm werde messen müssen, ist freilich wahr, auch ist es ausgemacht, daß ich hierin neben ihm verlieren werde. Weil mir aber auch etwas übrigbleibt, was *mein* ist und *er* nie erreichen kann, so wird sein Vorzug mir und meinem Produkt keinen Schaden tun, und ich hoffe, daß die Rechnung sich ziemlich heben soll. Man wird uns, wie ich in meinen mutvollesten Augenblikken mir verspreche, verschieden spezificieren, aber unsere Arten einander nicht unterordnen, sondern unter einem höheren idealischen Gattungsbegriffe einander koordinieren.

An Wilhelm von Humboldt, 21. März 1796

Leben Sie jetzt wohl, mein geliebter mein verehrter Freund! Wie rührt es mich, wenn ich denke, daß, was wir sonst nur in der weiten Ferne eines begünstigten Altertums suchen und kaum finden, mir in Ihnen so nahe ist. Wundern Sie sich nicht mehr, wenn es so wenige gibt, die

Sie zu verstehen fähig und würdig sind. Die bewundernswürdige Natur, Wahrheit und Leichtigkeit Ihrer Schilderungen entfernt bei dem gemeinen Volk der Beurteiler allen Gedanken an die Schwierigkeit, an die Größe der Kunst, und bei denen, die dem Künstler zu folgen imstande sein könnten, die auf die Mittel wodurch er wirkt, aufmerksam sind wirkt die genialische Kraft, welche sie hier handeln sehen, so feindlich und vernichtend, bringt ihr bedürftiges Selbst so sehr ins Gedränge, daß sie es mit Gewalt von sich stoßen, aber im Herzen und nur de mauvaise grâce Ihnen gewiß am lebhaftesten huldigen.

An Johann Wolfgang Goethe, 2. Juli 1796

Daß Sie nicht sogleich kommen können ist mir recht verdrüßlich. Ich hätte jetzt so gern mein Lämpchen bei Ihnen angezündet.

An Johann Wolfgang Goethe, 10. August 1796

Wann werden wir Sie aber wieder einmal hier sehen? Ich sehne mich herzlich darnach; es ist mir als wenn mir etwas an dem Element fehlte, worin ich leben soll.

An Johann Wolfgang Goethe, 22. November 1796

Das seh ich jetzt klar, daß ich Ihnen nicht eher etwas zeigen kann, als bis ich über alles *mit mir selbst* im reinen bin. Mit mir selbst können Sie mich nicht einig machen, aber mein Selbst sollen Sie mir helfen mit dem Objekte übereinstimmend zu machen. Was ich Ihnen also vorlege, muß schon mein Ganzes sein, ich meine just nicht mein ganzes Stück, sondern meine ganze Idee davon. Der radikale Unterschied unserer Naturen, in Rücksicht auf die Art, läßt überhaupt keine andere, recht wohltätige Mitteilung zu, als wenn das Ganze sich dem Ganzen gegenüber stellt; im einzelnen werde ich *Sie* zwar nicht irremachen können, weil Sie fester auf sich selbst ruhen als ich, aber Sie würden mich leicht über den Haufen rennen können.

An Johann Wolfgang Goethe, 24. Januar 1797

Die Entscheidung, ob Sie weiter gehen werden als nach der Schweiz, ist auch mir wichtig und ich erwarte sie mit Ungeduld. Je mehr Verhältnissen ich jetzt abgestorben bin, einen desto größern Einfluß haben die wenigen auf meinen Zustand, und den entscheidendsten hat Ihre lebendige Gegenwart. Die letzten 4 Wochen haben wieder vieles in mir bauen und gründen helfen. Sie gewöhnen mir immer mehr die Tendenz ab (die in allem Praktischen, besonders Poetischen eine Unart ist), vom Allgemeinen zum Individuellen zu gehen, und führen mich umgekehrt von einzelnen Fällen zu großen Gesetzen fort. Der Punkt ist immer klein und eng, von dem Sie auszugehen pflegen, aber er führt mich ins Weite und macht mir dadurch, in meiner Natur, wohl, anstatt daß ich auf dem andern Weg, dem ich, mir selbst überlassen, so gerne folge, immer vom Weiten ins Enge komme, und das unangenehme Gefühl habe, mich am Ende ärmer zu sehen als am Anfang.

An Johann Wolfgang Goethe, 18. Juni 1797

Daß wir Sie nun bald wieder hier haben werden, freut mich sehr. Es wäre wohl nicht übel, wenn wir bei Ihrem nächsten Hiersein den Homer zusammen läsen. Die schöne Stimmung nicht zu rechnen, die Ihnen das zu Ihrer Arbeit gäbe, würde es uns auch die schönste Gelegenheit zu einem Ideenwechsel darbieten, wo das Wichtigste in der

Poesie notwendig zur Sprache kommen müßte. So setzten wirs alsdann künftig mit den Tragikern und andern fort.

An Johann Wolfgang Goethe, 4. Mai 1798

Ich bin in dieser Rücksicht Goethen sehr viel schuldig, und ich weiß, daß ich auf ihn gleichfalls glücklich gewirkt habe. Es sind jetzt 4 Jahr verflossen, daß wir einander näher gekommen sind, und in dieser Zeit hat unser Verhältnis sich immer in Bewegung und im Wachsen erhalten. Diese vier Jahre haben mir selbst eine festere Gestalt gegeben, und mich rascher vorwärts gerückt, als es ohne das hätte geschehen können. Es ist eine Epoche meiner Natur, und sie würde noch reicher und bedeutender geworden sein, wenn auch wir in dieser Zeit uns näher gelebt hätten.

An Christian Gottfried Körner, 31. August 1798

Ich bin es diese Tage her so gewohnt worden, daß Sie in der Abendstunde kamen, und die Uhr meiner Gedanken aufzogen und stellten, daß es mir ganz ungewohnt tut, nach getaner Arbeit, mich an mich selbst verwiesen zu sehen.

An Johann Wolfgang Goethe, 30. November 1798

Es hat mich diesen Winter oft geschmerzt, Sie nicht so heiter und mutvoll zu finden, als sonst, und eben darum hätte ich mir selbst etwas mehr Geistesfreiheit gewünscht, um Ihnen mehr sein zu können. Die Natur hat Sie einmal bestimmt, hervorzubringen; jeder andere Zustand, wenn er eine Zeitlang anhält, streitet mit Ihrem Wesen. Eine so lange Pause, als Sie dasmal in der Poesie gemacht haben, darf nicht mehr vorkommen, und Sie müssen darin ein

Machtwort aussprechen und ernstlich wollen. Schon deswegen ist mir Ihre Idee zu einem didaktischen Gedichte sehr willkommen gewesen; eine solche Beschäftigung knüpft die wissenschaftlichen Arbeiten an die poetischen Kräfte an und wird Ihnen den Übergang erleichtern, an dem es jetzt allein zu fehlen scheint.

An Johann Wolfgang Goethe, 5. März 1799

Ich höre, daß Sie in Roßla sind, woraus ich zu meinem großen Vergnügen schließe, daß Ihre Hieherkunft nicht mehr weit entfernt ist. Es wird auch meiner Existenz einen ganz andern Schwung geben, wenn wir wieder beisammen sind, denn Sie wissen mich immer nach außen und in die Breite zu treiben; wenn ich allein bin, versinke ich in mich selbst.

An Johann Wolfgang Goethe, 24. [richtig: 23.] Juli 1799

Wenn Sie binnen 10 Tagen nicht, wenigstens auf einige Tage hieherkommen können, so hätte ich große Lust auf einen Tag zu Ihnen hinüberzukommen und meine 2 Akte mitzubringen. Denn jetzt wünschte ich doch Ihr Urteil darüber, daß ich mich überzeugt halten kann, ob ich auf dem rechten Wege bin.

An Johann Wolfgang Goethe, 24. [richtig: 23.] August 1799

Hätten wir uns ein halb Dutzend Jahre früher gekannt, so würde ich Zeit gehabt haben, mich Ihrer wissenschaftlichen Untersuchungen zu bemächtigen; ich würde Ihre Neigung vielleicht unterhalten haben, diesen wichtigen Gegenständen die letzte Gestalt zu geben, und in jedem Fall würde ich ein redlicher Verwalter des Ihrigen gewesen sein.

An Johann Wolfgang Goethe, 18. August 1802

Es ist zu beklagen, daß Goethe sein Hinschlendern so überhandnehmen läßt und weil er abwechselnd alles treibt, sich auf nichts energisch konzentriert. Er ist jetzt ordentlich zu einem Mönch geworden und lebt in einer bloßen Beschaulichkeit, die zwar keine abgezogene ist aber doch nicht nach außen produktiv wirkt. Seit einem Vierteljahr hat er, ohne krank zu sein, das Haus, ja nicht einmal die Stube verlassen. Von dem was er treibt wird er Ihnen selbst Nachricht gegeben haben. Wenn Goethe noch einen Glauben an die Möglichkeit von etwas Gutem und eine Konsequenz in seinem Tun hätte, so könnte hier in Weimar noch manches realisiert werden, in der Kunst überhaupt und besonders im Dramatischen. Es entstünde doch etwas, und die unselige Stockung würde sich geben. Allein kann ich nichts machen, oft treibt es mich, mich in der Welt nach einem andern Wohnort und Wirkungskreis umzusehen; wenn es nur irgendwo leidlich wäre, ich ginge fort.

An Wilhelm von Humboldt, 17. Februar 1803

Es ist mir erfreulich wieder ein paar Zeilen Ihrer Hand zu sehen, und es belebt wieder meinen Glauben, daß die alten Zeiten zurückkommen können, woran ich manchmal ganz verzage. Die zwei harten Stöße, die ich nun in einem Zeitraum von 7 Monaten auszustehen gehabt, haben mich bis auf die Wurzeln erschüttert, und ich werde Mühe haben, mich zu erholen.

Zwar mein jetziger Anfall scheint nur die allgemeine epidemische Ursache gehabt zu haben, aber das Fieber war so stark und hat mich in einem schon so geschwächten Zustand überfallen, daß mir eben so zu Mute ist, als wenn ich aus der schwersten Krankheit erstünde und besonders habe ich Mühe eine gewisse Mutlosigkeit zu bekämpfen, die das schlimmste Übel in meinen Umständen ist.

Ich bin begierig zu erfahren, ob Sie das Mscrpt [Manuskript] des Rameau nun abgeschickt haben? Goeschen hat mir nichts davon geschrieben, wie ich überhaupt seit 14 Tagen nichts aus der Welt vernommen.

Möge es sich täglich und stündlich mit Ihnen bessern und mit mir auch, daß wir uns bald mit Freuden wieder sehen.

An Johann Wolfgang Goethe, 22. Februar 1805

Dieses und einige Äußerungen in Ihrem Briefe führen mich natürlich auf meine Bekanntschaft mit Göthen, die ich auch jetzt, nach einem Zeitraum von sechs Jahren, für das wohltätigste Ereignis meines ganzen Lebens halte. Ich brauche Ihnen über den *Geist* dieses Mannes nichts zu sagen. Sie erkennen seine Verdienste als Dichter, wenn auch nicht in *dem* Grade an, als ich sie fühle. Nach meiner innigsten Überzeugung kommt kein anderer Dichter ihm an Tiefe der Empfindung und an Zartheit derselben, an Natur und Wahrheit und zugleich an hohem Kunstverdienste, auch nur von weitem bei. Die Natur hat ihn reicher ausgestattet als irgendeinen, der nach Shakespear aufgestanden ist. Und außer diesem, was er von der Natur *erhalten*, hat er sich durch rastloses Nachforschen und Studium mehr *gegeben* als irgendein anderer. Er hat es sich 20 Jahre mit der redlichsten Anstrengung sauer werden lassen, die Natur in allen ihren drei Reichen zu studieren, und ist in die Tiefen dieser Wissenschaften gedrungen. […] Welcher von allen Dichtern kommt ihm in solchen gründlichen Kenntnissen auch nur von ferne bei, und doch hat er einen großen Teil seines Lebens in Ministerialgeschäften aufgewendet, die darum, weil das Herzogtum klein ist, nicht klein und unbedeutend sind.

Aber diese hohen Vorzüge seines Geistes sind es nicht, die mich an ihn binden. Wenn er nicht als Mensch für mich den größten Wert von allen hätte, die ich persönlich je habe kennenlernen, so würde ich sein Genie nur in der Ferne bewundern. Ich darf wohl sagen, daß ich in den 6 Jahren, die ich mit ihm zusammen lebte, auch nicht einen Augenblick an seinem Charakter irre geworden bin. Er hat eine hohe Wahrheit und Biederkeit in seiner Natur, und den höchsten Ernst für das Rechte und Gute; darum haben sich Schwätzer und Heuchler und Sophisten in seiner Nähe immer übel befunden. Diese hassen ihn, weil sie ihn fürchten, und weil er das Flache und Seichte im Leben und in der Wissenschaft herzlich verachtet und den falschen Schein verabscheut, so muß er in der jetzigen bürgerlichen und literarischen Welt notwendig es mit vielen verderben. […]

Ich bitte Sie, meine gnädige Gräfin, dieser langen Äußerung wegen um Verzeihung; sie betrifft einen verehrten Freund, den ich liebe und hochschätze und den ich ungern von Ihnen beiden verkannt sehe. Kennten Sie ihn so, wie ich ihn zu kennen und zu studieren Gelegenheit gehabt, Sie würden wenige Menschen Ihrer Achtung und Liebe würdiger finden.

Schiller

An Charlotte von Schimmelmann, 23. November 1800

Wir kennen einander nun beide gegenseitig

Wie der Freund wirklich ist

Schon der größeste Weise, der größeste Naturkundige würden sich nicht erkühnen, mit ihrem Urteil vor Euer Herzoglichen Durchlaucht zu erscheinen und Beifall zu erwarten. Wie viel weniger sollte ich, viel zu unwissend, viel zu unerfahren, mich selbst zu kennen, auch den letzten meiner Freunde beurteilen.

[Bericht an Herzog Karl Eugen über die Mitschüler und sich selbst]

Die Übereinstimmung

Wahrheit suchen wir beide; du außen im Leben, ich innen
In dem Herzen, und so findet sie jeder gewiß.
Ist das Auge gesund, so begegnet es außen dem Schöpfer,
Ist es das Herz, dann gewiß spiegelt es innen die Welt.

»Tabulae Votivae« (von Goethe und Schiller)

Teurer Freund! Ich bin *nicht*, was ich gewiß hätte werden können. Ich hätte *vielleicht* groß werden können, aber das Schicksal stritte zu früh wider mich. Lieben und schätzen sie mich wegen dem, was ich unter bessern Sternen geworden wäre, und ehren Sie die Absicht in mir, die die Vorsicht in mir verfehlt hat. Aber bleiben Sie *mein*.

An Wilhelm Friedrich Hermann Reinwald, 14. April 1783

Oh! kehre
Zurück zu deiner Pflicht. Gewiß! du kannst's!
Schick mich nach Wien. Ja, tue das. Laß mich,
Mich deinen Frieden machen mit dem Kaiser.
Er kennt dich nicht, ich aber kenne dich,
Er soll dich sehn mit meinem reinen Auge,
Und sein Vertrauen bring ich dir zurück.

»Wallensteins Tod«, II,2

Die Tugend handelt groß, um des Gesetzes willen, die Schwärmerei um ihres Ideales willen, die Liebe um des Gegenstandes willen. Aus der ersten Klasse wollen wir uns Gesetzgeber, Richter, Könige, aus der zweiten *Helden*, aber nur aus der dritten unsern Freund erwählen.

»Briefe über Don Karlos«, Eilfter Brief

MARIA: Von meinem Oheim!
Dem Kardinal von Lothringen aus Frankreich!
Liest: »Traut dem Sir Mortimer, der Euch dies bringt,
Denn keinen treuern Freund habt Ihr in England.«
Mortimern mit Erstaunen ansehend.
Ist's möglich? Ist's kein Blendwerk, das mich täuscht?
So nahe find ich einen Freund und wähnte mich
Verlassen schon von aller Welt – find ihn
In Euch, dem Neffen meines Kerkermeisters,
In dem ich meinen schlimmsten Feind –
MORTIMER *sich ihr zu Füßen werfend:* Verzeihung
Für diese verhaßte Larve, Königin,
Die mir zu tragen Kampf genug gekostet,
Doch der ich's danke, daß ich mich Euch nahen,
Euch Hülfe und Errettung bringen kann.

»Maria Stuart«, I,6

Wie der Freund wirklich ist

WALLENSTEIN: Und tut er unrecht, daß er von mir geht?
Er folgt dem Gott, dem er sein Leben lang
Am Spieltisch hat gedient. Mit meinem Glücke
Schloß er den Bund und bricht ihn, nicht mit mir.
War *ich* ihm was, er *mir*? Das Schiff nur bin ich,
Auf das er seine Hoffnung hat geladen,
Mit dem er wohlgemut das freie Meer
Durchsegelte, er sieht es über Klippen
Gefährlich gehn und rettet schnell die Ware.
Leicht wie der Vogel von dem wirtbarn Zweige,
Wo er genistet, fliegt er von mir auf,
Kein menschlich Band ist unter uns zerrissen.
Ja der verdient, betrogen sich zu sehn,
Der Herz gesucht bei dem Gedankenlosen!
Mit schnell verlöschten Zügen schreiben sich
Des Lebens Bilder auf die glatte Stirne,
Nichts fällt in eines Busens stillen Grund,
Ein muntrer Sinn bewegt die leichten Säfte,
Doch keine Seele wärmt das Eingeweide.

»Wallensteins Tod«, III,7

[FÜR H. v. T.]

Hier, wo deine Freundschaft guten Menschen
Ihre bessern Schätze aufgehäuft,
Wenn der Geiz mit nimmersatten Wünschen,
Durst'gen Blicken totes Gold durchschweift,
Hier willst du ein Bürgerrecht mir geben,
Haben wir uns denn gekannt?
Knüpft ein flüchtiges Vorüberschweben
Der Empfindung ewig festes Band?
Schnell verfliegt der Morgentraum des Lebens,
Ach und eines Menschen Herz ist klein,
Und wir sammeln für den Traum des Lebens
Geizig wie für ein Jahrtausend ein.

Diese Habsucht, würdig schöner Seelen,
Nie auf dieser Welt wird sie gestillt.
So viel Schätze können wir nicht zählen,
Einen nur hieß uns der Himmel wählen,
Unser Ebenbild.

S.

MARQUIS *allein, sieht ihm [Don Karlos] erstaunt nach:*
Wär's möglich? Wär's? Und also hätt ich ihn
Doch nicht gekannt? Nicht ganz? In seiner Seele
Wär diese Falte wirklich mir entgangen?
Mißtrauen gegen seinen Freund! – Wie kann
Ein solcher Hauch auf diesem Spiegel dauren?
Nein! das ist Lästerung! – Was tat er mir,
Daß ich der Schwächen schwächster ihn verklage!
Was ich ihn zeihe, werd ich selbst – Befremden!
Das mag es ihn! Das glaub ich gern. Wann hätte
Er dieser seltsamen Verschlossenheit
Zu seinem Freunde sich versehn? – Auch schmerzen
– Ich kann dir's nicht ersparen, Karl – und länger
Muß ich noch deine gute Seele quälen.
Der König glaubte dem Gefäß, dem er
Sein heiligstes Geheimnis überliefert,
Und Glauben fodert Dankbarkeit – Wozu
Voreilig dir die Donnerwolke zeigen,
Die über deinem Scheitel steht? – Genug,
Daß ich sie still an dir vorüberführe,
Und heller Himmel ist, wenn du erwachst.

»Dom Karlos«, Hamburger Bühnenfassung von 1787, IV,3

Es gibt /
Zweischneid'ge Klingen, ungewisse Freunde –
Ich fürchte diese. Schwer zu unterscheiden,
Noch schwerer zu ergründen sind die Menschen –

»Don Karlos«, II,10

Ich hoffe und wünsche, werter Freund, daß dieser Brief Sie in dem Kreis der Ihrigen glücklich angelangt finden wird. Noch erinnere ich mich des Tages, den Sie uns hier geschenkt, mit Freuden, und der neue Beweis Ihrer Freundschaft und Liebe für mich und meine Familie, den Sie mir noch auf Ihrer Reise selbst gegeben, hat mich innig gerührt. Ich zweifle keinen Augenblick, daß unser Verhältnis, das anfangs bloß durch ein gemeinschaftliches äußres Interesse veranlaßt wurde, und bei näherer Bekanntschaft eine so schöne und edle Wendung nahm, unzerstörbar bestehen wird. Wir kennen einander nun beide gegenseitig, jeder weiß, daß es der eine herzlich und schwäbisch-bieder mit dem andern meint, und unser Vertrauen ist auf eine wechselseitige Hochschätzung gegründet: die höchste Sicherheit, deren ein menschliches Verhältnis bedarf.

An Johann Friedrich Cotta, 29. Mai 1798

Elisabeth: O ich bin schwer dafür gestraft, daß ich
Von Eurem weisen Rate mich entfernt!
Und sollt ich ihm nicht glauben? In den Schwüren
Der treusten Liebe einen Fallstrick fürchten?
Wem darf ich traun, wenn er mich hinterging?
Er, den ich großgemacht vor allen Großen,
Der mir der Nächste stets am Herzen war,
Dem ich verstattete, an diesem Hof
Sich wie der Herr, der König zu betragen!
Burleigh: Und zu derselben Zeit verriet er dich
An diese falsche Königin von Schottland!
Elisabeth: O sie bezahle mir's mit ihrem Blut!
– Sagt! Ist das Urteil abgefaßt?
Burleigh: Es liegt
Bereit, wie du befohlen.
Elisabeth: Sterben soll sie!
Er soll sie fallen sehn, und nach ihr fallen.

Verstoßen hab ich ihn aus meinem Herzen,
Fort ist die Liebe, Rache füllt es ganz.
So hoch er stand, so tief und schmählich sei
Sein Sturz! Er sei ein Denkmal meiner Strenge,
Wie er ein Beispiel meiner Schwäche war.
Man führ ihn nach dem Tower, ich werde Peers
Ernennen, die ihn richten, hingegeben
Sei er der ganzen Strenge des Gesetzes.
BURLEIGH: Er wird sich zu dir drängen, sich rechtfert'gen –
ELISABETH: Wie kann er sich rechtfert'gen? Überführt
Ihn nicht der Brief? O sein Verbrechen ist
Klar wie der Tag!
BURLEIGH: Doch du bist mild und gnädig,
Sein Anblick, seine mächt'ge Gegenwart –
ELISABETH: Ich will ihn nicht sehn. Niemals, niemals wieder!
Habt Ihr Befehl gegeben, daß man ihn
Zurückweist, wenn er kommt?
BURLEIGH: So ist's befohlen!
PAGE *tritt ein:* Mylord von Lester!
KÖNIGIN: Der Abscheuliche!
Ich will ihn nicht sehn. Sagt ihm, daß ich ihn
Nicht sehen will.
PAGE: Das wag ich nicht, dem Lord
Zu sagen, und er würde mir's nicht glauben.
KÖNIGIN: So hab ich ihn erhöht, daß meine Diener
Vor seinem Ansehn mehr als meinem zittern!
BURLEIGH *zum Pagen:*
Die Königin verbiet ihm, sich zu nahn!
Page geht zögernd ab.
KÖNIGIN *nach einer Pause:*
Wenn's dennoch möglich wäre – Wenn er sich
Rechtfert'gen könnte! – Sagt mir, könnt es nicht
Ein Fallstrick sein, den mir Maria legte,
Mich mit dem treusten Freunde zu entzweien!
O sie ist eine abgefeimte Bübin,

Wenn sie den Brief nur schrieb, mir gift'gen Argwohn
Ins Herz zu streun, ihn, den sie haßt, ins Unglück
Zu stürzen –

»Maria Stuart«, IV,5

KARLOS: Wie?
Ist's möglich? Sie erraten nicht? erraten
Noch nicht, wer mir der Tote war? So arm
Ist die Vernunft bei einem armen Herzen!
Der Tote – O sagt ihr es ihm – helft seiner
Allwissenheit das schwere Rätsel lösen.
Der Tote war mein Freund.
Ein allgemeines Erstarren. Und wollt ihr wissen,
Warum er starb? Für mich ist er gestorben.
KÖNIG: Ha! meine Ahndung!
KARLOS: Blutender, vergib,
Daß ich vor solchen Ohren es entweihe!
Doch dieser große Menschenkenner sinke
Für Scham dahin, daß seine graue Weisheit
Der Scharfsinn eines Jünglings überlistet.
Ja, Sire! Wir waren Brüder! Brüder durch
Ein edler Band, als die Natur es schmiedet.
Sein schöner Lebenslauf war Liebe. Liebe
Für mich sein großer, schöner Tod. *Mein* war er,
Als Sie mit seiner Achtung großgetan,
Als seine scherzende Beredsamkeit
Mit Ihrem stolzen Riesengeiste spielte.
Ihn zu beherrschen wähnten Sie – und waren
Ein folgsam Werkzeug seiner höhern Plane.
Daß ich gefangen bin, war seiner Freundschaft
Durchdachtes Werk. Mich zu erretten, schrieb
Er an Oranien den Brief – O Gott!
Er war die erste Lüge seines Lebens!
Mich zu erretten, warf er sich dem Tod,
Den er erlitten hat, entgegen. Sie

Beschenkten ihn mit Ihrer Gunst – er starb
Für mich! – Ihr Herz, Ihr königlich
Vertrauen – Ihre Freundschaft drangen Sie ihm auf,
Ihr Zepter war das Spielwerk seiner Hände,
Er warf es hin, und starb für mich!
Der König steht ohne Bewegung, den Blick starr auf den Boden geheftet. Alle Granden sehen betreten und furchtsam auf ihn.
Und war
Es möglich? Dieser groben Lüge konnten
Sie Glauben schenken? Wie gering mußt er
Sie schätzen, da er's unternahm, bei Ihnen
Mit diesem plumpen Gaukelspiel zu reichen!
Um seine Freundschaft wagten Sie zu buhlen,
Und unterlagen dieser leichten Probe!
O nein – nein, das war nichts für Sie. Das war
Kein Mensch für Sie! Das wußt er selbst recht gut,
Als er mit allen Kronen Sie verstoßen.
Dies feine Saitenspiel zerbrach in Ihrer
Metallnen Hand. Sie konnten nichts, als ihn
Ermorden.

»Don Karlos«, V,4

»Vergiss nicht, was ein Freund wiegt in der Not«

Die Nagelprobe der Freundschaft

[...] das ist die wahre Freundschaft, die einen im Unglück aufsucht.

An Bartholomäus Ludwig Fischenich, 8. November 1804

Maria Stuart: Der Redliche! Nein, ich verlor nicht alles,
Da solcher Freund im Unglück mir geblieben.

»Maria Stuart«, I,6

Von Bremen ist eine Kiste mit Porto und Malaga Wein an mich angekommen, woraus ich abermals Ihre liebe Sorgfalt für mich erkenne, wertester Freund. Auch scheint der Himmel einen eigenen Segen darauf zu legen, denn, nachdem ich schon seit meiner letzten Krankheit im Julius den Wein nur mit Widerwillen getrunken, obgleich meine Ärzte mir ihn verordneten und ich es mit allen möglichen Sorten, süßen und sauern, weißen und roten, deutschen, französischen und spanischen umsonst versucht. So fange ich nun an den roten Porto Wein, den Sie mir geschickt, mit Vergnügen zu trinken. Haben Sie auch dafür herzlichen Dank, ich will mich stets dabei Ihrer Liebe erinnern, die so unermüdet für mich sorgt.

An Johann Friedrich Cotta, 23. Dezember 1804

Auf! sagt der Hauptmann, was wiegt ein Freund nicht. – Wir retten ihn, oder retten ihn nicht, so wollen wir ihm wenigstens doch eine Todesfackel anzünden, wie sie noch keinem König geleuchtet hat, die ihnen den Buckel braun und blau brennen soll. Die ganze Bande wird aufgeboten.

Schweizer in »Die Räuber«, II,3

Sei immer menschlich, Herr, im Glück, wie du's
Im Unglück warst – und auf der Größe Gipfel
Vergiß nicht, was ein Freund wiegt in der Not,
Du hast's in der Erniedrigung erfahren.

»Die Jungfrau von Orleans«, III,4

Mit teilnehmendem Leiden sahen wir ihn auf dieser gefährlichen Bahn hinwandeln; aber in dem Tumult, durch den er geworfen wurde, hörte er die schwache Stimme der Freundschaft nicht mehr, und war jetzt auch noch zu glücklich, um sie zu verstehen.

»Der Geisterseher«, 2. Buch

Die Bürgschaft

Zu Dionys, dem Tyrannen, schlich
Möros, den Dolch im Gewande,
Ihn schlugen die Häscher in Bande.
»Was wolltest du mit dem Dolche, sprich!«
Entgegnet ihm finster der Wüterich.
»Die Stadt vom Tyrannen befreien!«
»Das sollst du am Kreuze bereuen.«

»Ich bin«, spricht jener, »zu sterben bereit,
Und bitte nicht um mein Leben,
Doch willst du Gnade mir geben,
Ich flehe dich um drei Tage Zeit,

Bis ich die Schwester dem Gatten gefreit,
Ich lasse den Freund dir als Bürgen,
Ihn magst du, entrinn ich, erwürgen.«

Da lächelt der König mit arger List,
Und spricht nach kurzem Bedenken:
»Drei Tage will ich dir schenken.
Doch wisse! Wenn sie verstrichen, die Frist,
Eh du zurück mir gegeben bist,
So muß er statt deiner erblassen,
Doch dir ist die Strafe erlassen.«

[gebeut,
Und er kommt zum Freunde: »Der König
Daß ich am Kreuz mit dem Leben
Bezahle das frevelnde Streben,
Doch will er mir gönnen drei Tage Zeit,
Bis ich die Schwester dem Gatten gefreit,
So bleib du dem König zum Pfande,
Bis ich komme, zu lösen die Bande.«

Und schweigend umarmt ihn der treue Freund,
Und liefert sich aus dem Tyrannen,
Der andere ziehet von dannen.
Und ehe das dritte Morgenrot scheint, [vereint,
Hat er schnell mit dem Gatten die Schwester
Eilt heim mit sorgender Seele,
Damit er die Frist nicht verfehle.

Da gießt unendlicher Regen herab,
Von den Bergen stürzen die Quellen,
Und die Bäche, die Ströme schwellen.
Und er kommt ans Ufer mit wanderndem Stab,
Da reißet die Brücke der Strudel hinab,
Und donnernd sprengen die Wogen
Des Gewölbes krachenden Bogen.

Und trostlos irrt er an Ufers Rand,
Wie weit er auch spähet und blicket
Und die Stimme, die rufende, schicket;
Da stößet kein Nachen vom sichern Strand,
Der ihn setze an das gewünschte Land,
Kein Schiffer lenket die Fähre,
Und der wilde Strom wird zum Meere.

Da sinkt er ans Ufer und weint und fleht,
Die Hände zum Zeus erhoben:
»O hemme des Stromes Toben!
Es eilen die Stunden, im Mittag steht
Die Sonne, und wenn sie niedergeht,
Und ich kann die Stadt nicht erreichen,
So muß der Freund mir erbleichen.«

Doch wachsend erneut sich des Stromes Wut,
Und Welle auf Welle zerrinnet,
Und Stunde an Stunde entrinnet,
Da treibet die Angst ihn, da faßt er sich Mut
Und wirft sich hinein in die brausende Flut,
Und teilt mit gewaltigen Armen
Den Strom, und ein Gott hat Erbarmen.

Und gewinnt das Ufer und eilet fort,
Und danket dem rettenden Gotte,
Da stürzet die raubende Rotte
Hervor aus des Waldes nächtlichem Ort,
Den Pfad ihm sperrend, und schnaubet Mord
Und hemmet des Wanderers Eile
Mit drohend geschwungener Keule.

»Was wollt ihr?« ruft er, für Schrecken bleich,
»Ich habe nichts als mein Leben,
Das muß ich dem Könige geben!«
Und entreißt die Keule dem nächsten gleich:

»Um des Freundes willen erbarmet euch!«
Und drei, mit gewaltigen Streichen,
Erlegt er, die andern entweichen.

Und die Sonne versendet glühenden Brand,
Und von der unendlichen Mühe
Ermattet sinken die Kniee:
»O hast du mich gnädig aus Räubershand,
Aus dem Strom mich gerettet ans heilige Land,
Und soll hier verschmachtend verderben,
Und der Freund mir, der liebende, sterben!«

Und horch! da sprudelt es silberhell
Ganz nahe, wie rieselndes Rauschen,
Und stille hält er, zu lauschen,
Und sieh, aus dem Felsen, geschwätzig, schnell,
Springt murmelnd hervor ein lebendiger Quell,
Und freudig bückt er sich nieder,
Und erfrischet die brennenden Glieder.

Und die Sonne blickt durch der Zweige Grün,
Und malt auf den glänzenden Matten
Der Bäume gigantische Schatten,
Und zwei Wanderer sieht er die Straße ziehn,
Will eilenden Laufes vorüberfliehn,
Da hört er die Worte sie sagen:
»Jetzt wird er ans Kreuz geschlagen.«

Und die Angst beflügelt den eilenden Fuß,
Ihn jagen der Sorge Qualen,
Da schimmern in Abendrots Strahlen
Von ferne die Zinnen von Syrakus,
Und entgegen kommt ihm Philostratus,
Des Hauses redlicher Hüter,
Der erkennet entsetzt den Gebieter:

»Zurück! du rettest den Freund nicht mehr,
So rette das eigene Leben!
Den Tod erleidet er eben.
Von Stunde zu Stunde gewartet' er
Mit hoffender Seele der Wiederkehr,
Ihm konnte den mutigen Glauben
Der Hohn des Tyrannen nicht rauben.«

»Und ist es zu spät, und kann ich ihm nicht
Ein Retter willkommen erscheinen,
So soll mich der Tod ihm vereinen.
Des rühme der blut'ge Tyrann sich nicht, [Pflicht,
Daß der Freund dem Freunde gebrochen die
Er schlachte der Opfer zweie,
Und glaube an Liebe und Treue.«

Und die Sonne geht unter, da steht er am Tor
Und sieht das Kreuz schon erhöhet,
Das die Menge gaffend umstehet,
An dem Seile schon zieht man den Freund empor,
Da zertrennt er gewaltig den dichten Chor:
»Mich, Henker!« ruft er, »erwürget,
Da bin ich, für den er gebürget!«

Und Erstaunen ergreifet das Volk umher,
In den Armen liegen sich beide,
Und weinen für Schmerzen und Freude.
Da sieht man kein Auge tränenleer,
Und zum Könige bringt man die Wundermär,
Der fühlt ein menschliches Rühren,
Läßt schnell vor den Thron sie führen.

Und blicket sie lange verwundert an,
Drauf spricht er: »Es ist euch gelungen,
Ihr habt das Herz mir bezwungen,

Und die Treue, sie ist doch kein leerer Wahn,
So nehmet auch mich zum Genossen an,
Ich sei, gewährt mir die Bitte,
In eurem Bunde der Dritte.«

Den einzigen Freund, der ihm in der Welt lebte, dankte er seinem Elend; sein Wohlstand hatte ihm keinen erworben.

»Spiel des Schicksals. Bruchstück aus einer wahren Geschichte«

Mit Freunden ist's vorbei in schlimmen Tagen.

»Die Phönizierinnen« (Übersetzungsfragment), II,3

So wohl tut nicht der Sonne Blick im Lenz,
Als Freundes Angesicht in solcher Stunde.

»Wallensteins Tod«, III,10

Hast du nur Tränen für des Freundes Unglück?
– Wo waret ihr, da man den Trefflichen
In Bande schlug? Wo war da eure Hülfe?
Ihr sahet zu, ihr ließt das Gräßliche geschehn,
Geduldig littet ihr's, daß man den Freund
Aus eurer Mitte führte – Hat der Tell
Auch so an euch gehandelt? Stand er auch
Bedaurend da, als hinter dir die Reiter
Des Landvogts drangen, als der wüt'ge See
Vor dir erbrauste? Nicht mit müß'gen Tränen
Beklagt' er dich, in den Nachen sprang er, Weib
Und Kind vergaß er und befreite dich –

»Wilhelm Tell«, IV,2

Der Freund hört auf in der Geliebten
Freundschaft und ihre Konkurrenten

Es war mein Busenfreund und mein Bruder, mein Wohltäter und der größte Mann seiner Zeit; aber das Vaterland war meine erste Pflicht.

»Fiesko« (Schluss der sogenannten »Leipziger Bühnenfassung«), Szene 9

Du hast Beispiele, Raphael, wie lebhaft ich sogar mit meinem Herzensfreund um die Vorlesung einer schönen Anekdote, eines vortrefflichen Gedichtes mich zanken kann, und mein Herz hat mir's leise gestanden, daß es dir dann nur den Lorbeer mißgönnte, der von dem Schöpfer auf den Vorleser übergeht.

»Philosophische Briefe«, Theosophie des Julius

Ich war noch nicht glücklich, denn Ruhm und Bewunderung, und die ganze übrige Begleitung der Schriftstellerei wägen auch nicht *einen* Moment auf, den Freundschaft und Liebe bereiten – das Herz darbt dabei.

An Christian Gottfried Körner, 10. Februar 1785

So gewiß ich weiß, daß keine Frauenzimmerseele jemals eine Stelle in meinem Herzen mit euch teilen wird, so gewiß dürft ihr [Körner und Huber] glauben, daß die Genüsse meiner Freundschaft für euch erst dann anfangen werden, wenn vorher häusliche Empfindungen in meine Seele gewebt sind, wenn diese Epoche mein Wesen vorher zubereitet hat.

An Ludwig Ferdinand Huber, 20. Januar 1788

Hohes wirkendes Wohlwollen gegen das Ganze schließt keineswegs die zärtliche Teilnahme an den Freuden und Leiden eines einzelnen Wesens aus.

»Briefe über Don Karlos«, Vierter Brief

Wir waren Herzensfreunde, Waffenbrüder,
Für eine Sache hoben wir den Arm
Und hielten fest in Not und Tod zusammen.
Laßt Weiberliebe nicht das Band zertrennen,
Das jeden Schicksalswechsel ausgehalten.

»Die Jungfrau von Orleans«, III,1

Meine ganze Seele ist bei euch – denn sollte Freundschaft ein so armseliges Feuer sein, daß es durch Teilung verlöre? Kein Geschöpf in der Welt kann euch die Liebe, kann euch nur den kleinsten Teil der Liebe entziehen, womit ich auf ewig an euch gebunden bin.

An Christian Gottfried Körner, 23.–25. Juli 1787

An Demoiselle Slevoigt bei ihrer Verbindung mit Herrn D. Sturm am 10. Oktober 1797

Von einer mütterlichen und fünf schwesterlichen Freundinnen

Zieh, holde Braut, mit unserm Segen,
Zieh hin auf Hymens Blumenwegen!
Wir sahen mit entzücktem Blick
Der Seele Anmut sich entfalten,
Die jungen Reize sich gestalten
Und blühen für der Liebe Glück.
Dein schönes Los, du hast's gefunden,

Es weicht die Freundschaft ohne Schmerz
Dem süßen Gott, der dich gebunden;
Er will, er hat dein ganzes Herz.

Zu teuren Pflichten, zarten Sorgen,
Dem jungen Busen noch verborgen,
Ruft dich des Kranzes ernste Zier.
Der Kindheit tändelnde Gefühle,
Der freien Jugend flücht'ge Spiele,
Sie bleiben fliehend hinter dir;
Und Hymens ernste Fessel bindet,
Wo Amor leicht und flatternd hüpft.
Doch für ein Herz, das schön empfindet,
Ist sie aus Blumen nur geknüpft.

Und willst du das Geheimnis wissen,
Das immer grün und unzerrissen
Den hochzeitlichen Kranz bewahrt?
Es ist des Herzens reine Güte,
Der Anmut unverwelkte Blüte,
Die mit der holden Scham sich paart,
Die, gleich dem heitern Sonnenbilde,
In alle Herzen Wonne lacht,
Es ist der sanfte Blick der Milde,
Und Würde, die sich selbst bewacht.

Es ist nichts zerbrechlicher im Menschen als seine Bescheidenheit und sein Wohlwollen; wenn so viele Hände an dieses zerbrechliche zarte Ding tappen, was Wunder wenn es zuschanden geht? Wenn mich je das Unglück oder Glück träfe, sehr berühmt zu werden (und das ist insofern möglich, als man es jetzt wohl werden kann und wird, ohne es zu verdienen) wen mir dieses je passiert, so seien Sie mit Ihrer Freundschaft gegen mich vorsichtiger. Lesen Sie alsdann meine Schriften, und lassen den *Menschen* übrigens laufen.

An Caroline von Beulwitz, 25. Februar 1789

Hast Du die Erfahrung von unterbrochenen Freundschaftsgefühlen aus *unserm Verhältnis* genommen, so tust Du mir doch vielleicht unrecht, wenn Du die Ursache davon ganz allein *in mir* und gar nicht in äußerlichen Vorfällen suchst, die den freien Lauf meiner Empfindungen nicht selten verlenkt oder aufgehalten haben. Ich darf mir nicht selbst unrecht tun und von *der* Entschuldigung Gebrauch machen, womit Du mir entgegenkommst. Meine Freundschaft hat *nie* gegen Dich ausgesetzt, das Wandelbare in meinem Wesen kann und wird meine Freundschaft *zu Dir* nicht treffen, sie, die selbst davon, wie Du auch immer gegen mich handeln möchtest, unabhängig ist. Ich könnte mich überreden, daß ich Dir aufgehört hätte, etwas zu sein, daß Deine Vorstellungsart und Deine Empfindungsart einen Gang genommen hätten, auf dem sie der meinigen nicht leicht mehr begegneten, aber Du hättest es in der Gewalt, in jedem Augenblicke mein Vertrauen zu Dir und die ganze Harmonie unter uns wieder herzustellen. Unterbrechungen, welche meine innre Tätigkeit in unserer Freundschaft zu machen schien oder ferner scheinen möchte, können bloß die *Äußerungen* derselben treffen; und solche Unterbrechungen schaden ihr nichts, vielmehr bringen sie mich mit einem größern Reichtum und mit einem geübteren Gefühl zu unsrer Freundschaft zurück. Laß es immer als eine feste Wahrheit bei Dir gelten, was Du Dir selbst in Deinem letzten Briefe sagtest, daß der *Dichter* dem *Freund* keinen Abbruch tut, und sei versichert, daß an der genialischen Flamme, an welcher ein Ideal reifen kann, die Freundschaft niemals verdorret.

An Christian Gottfried Körner, 1. Februar 1790

Wie werter wird mir alle Tage Deine und meine Freundschaft, und wie wohltätig ist sie mir schon gewesen. Ich würde keine dieser Art mehr knüpfen können, denn Du glaubst nicht, wieviel Misanthropie sich in meine Denkart gemischt hat. Leiden, Fehlschlüsse über Menschen, hintergangene Erwartungen haben mich in ihrem Umgang schüchtern und mißtrauisch gemacht. Ich habe den leichtsinnigen frohen Glauben an sie verloren; darum braucht es sehr wenig, um meine Zuversicht zu eines Menschen Freundschaft für mich wankend zu machen, besonders, wenn ich Ursache habe zu glauben, daß sein eigenes Gedankensystem, seine Neigungen noch nicht fest sind.

Warum müssen wir getrennt voneinander leben. Hätte ich nicht die Degradation meines Geistes so tief gefühlt, ehe ich von euch ging, ich hätte euch nie verlassen, oder hätte mich bald wieder zu euch gefunden. Aber es ist traurig, daß die Glückseligkeit, die unser ruhiges Zusammenleben mir verschaffte, mit der einzigen Angelegenheit, die ich der Freundschaft selbst nicht zum Opfer bringen kann, mit dem inneren Leben meines Geists, unverträglich war. Dieser Schritt wird mich nie gereuen, weil er gut und notwendig war; aber es ist doch eine harte Beraubung, ein hartes Opfer für ein ungewisses Gut.

An Christian Gottfried Körner, 9. März 1789

Er hat
Mich liebgehabt. Sehr lieb. Ich war ihm teuer,
Wie seine eigne Seele. O das weiß ich.
Das haben tausend Proben mir erwiesen.
Doch sollen Millionen ihm, soll ihm
Das Vaterland nicht teurer sein als *einer*?
Sein Busen war für einen Freund zu groß
Und Karlos' Glück zu klein für seine Liebe.
Er opferte mich seiner Tugend.

»Dom Karlos«, Hamburger Bühnenfassung von 1787, IV,8

Der Freund hört auf in der Geliebten.

»Dom Karlos«, Hamburger Bühnenfassung von 1787, IV,15

Am 7. August 1785

Heute vor fünftausend Jahren hatte Zeus die unsterblichen Götter auf dem Olympus bewirtet. Als man sich niedersetzte, entstand ein Rangstreit unter drei Töchtern Jupiters. Die Tugend wollte der Liebe vorangehen, die Liebe der Tugend nicht weichen, und die Freundschaft behauptete ihren Rang vor beiden. Der ganze Himmel kam in Bewegung, und die streitenden Göttinnen zogen sich vor den Thron des Saturnius.

»Es gilt nur ein Adel auf dem Olympus«, rief Chronos' Sohn, »und nur ein Gesetz, wonach man die Götter richtet. Der ist der erste, der die glücklichsten Menschen macht.«

»Ich habe gewonnen«, rief triumphierend die Liebe. »Selbst meine Schwester, die Tugend, kann ihren Lieblingen keine größere Belohnung bieten als mich – und ob ich Wonne verbreite, das beantworte Jupiter und alle anwesende unsterbliche Götter.«

»Und wie lange bestehen deine Entzückungen?« unterbrach sie ernsthaft die Tugend. »Wen ich mit der unverwundbaren Ägide beschütze, verlacht selbst das furchtbare Fatum, dem auch sogar die Unsterblichen huldigen. Wenn du mit dem Beispiel der Götter prahlst, so kann ich es auch – der Sohn des Saturnus ist sterblich, sobald er nicht tugendhaft ist.«

Die Freundschaft stand von ferne, und schwieg.

»Und du, kein Wort, meine Tochter?« rief Jupiter. – »Was wirst du deinen Lieblingen Großes bieten?«

»Nichts von dem allen«, antwortete die Göttin, und wischte verstohlen eine Träne von der errötenden Wange. »Mich lassen sie stehen, wenn sie glücklich sind, aber sie suchen mich auf, wenn sie leiden.«

»Versöhnet euch, meine Kinder«, sprach jetzt der Göttervater. »Euer Streit ist der schönste, den Zeus je geschlichtet hat, aber keine hat ihn verloren. Meine männliche Tochter, die Tugend, wird ihre Schwester Liebe Standhaftigkeit lehren, und die Liebe keinen Günstling beglücken, den die Tugend ihr nicht zugeführt hat. Aber zwischen euch beide trete die Freundschaft und hafte mir für die Ewigkeit dieses Bundes.«

Beilage zum Hochzeitsbrief für Christian Gottfried und Minna Körner

Wie oft und gern wäre ich in den Bedrängnissen meines Herzens, in der Bedürfnis nach Freundschaft zu Ihnen, meine Teuerste, geflogen, wenn nicht eben die schreckliche Empfindung meiner Ohnmacht Ihren Wunsch zu erfüllen, und meine Schulden zu entrichten, mich wieder zurückgeworfen hätte. Der Gedanke an Sie, der mir jederzeit soviel Freude machte, wurde mir, durch die Erinnerung an mein Unvermögen, eine Quelle von Marter. Sobald *Ihr* Bild vor meine Seele kam, stand auch das ganze Bild meines Unglücks vor mir. Ich fürchtete mich, Ihnen zu schreiben, weil ich Ihnen nichts, immer nichts, als das ewige: Haben Sie Geduld mit mir, schreiben konnte.

An Henriette von Wolzogen, 8. Oktober 1784

Taube und hohle Verhältnisse
Die Freundschaft in der Kritik

Karl Kempff

Nun komme ich zu dem, dessen Beschreibung seine Mitbrüder beschimpfen muß. Ich rede von seinem Betragen gegen Freunde deswegen zuerst, weil er am meisten wider die Pflichten der Freundschaft sündiget. Wann ich nicht überzeugt wäre, Euer Herzogliche Durchlaucht wüßten schon vorher, wie falsch er einem seiner Freunde begegnet ist, so würde ich dieser Schandtat gedenken. Wie leicht kann derjenige, der in seiner Jugend falsch ist, im Alter ein Verräter werden. Jedoch sollte er gar unedle Gedanken von der Religion im Schilde führen, sollte er wider die Pflichten gegen seinen Wohltäter handlen? – Jetzund schon müssen Vorgesetzte über seinen Hochmut, seinen Eigensinn klagen; Lehrer, die kurz zuvor die Größe seiner Verleumdung eingesehen haben! und Freunde müssen seine Verachtung erdulden. Doch welches Glück ist größer, als von Lasterhaften gehaßt, beneidet und verachtet werden?

Bericht an Herzog Karl Eugen über seine Mitschüler und sich selbst, 1774

Und was war das Band unserer Freundschaft? war es Eigennutz? (ich rede hier auf meiner Seite, denn ich kanns, gewiß Gott, von Dir nicht ganz bestimmen) war es Leichtsinn? war es Torheit, wars ein irdisches gemeines, oder ein höheres unsterbliches himmlisches Band! Rede! Rede! o eine Freundschaft wie diese errichtet hätte die Ewigkeit durchwähren können! – Rede! rede aufrichtig! wo hättest Du einen andern gefunden, der Dir nachfühlte, was wir in der stillen Sternennacht vor meinem Fenster, oder auf dem Abendspaziergang mit Blicken uns sagten! Gehe alle, alle die um Dich sind durch, wo hättest Du einen finden können, als Deinen Schiller, wo ich einen von tausenden, der mir das wäre, was Du mir – hättest sein können! Glaube, glaube unverhohlen, wir waren die einigen, die uns glichen, glaube mir, unsere Freundschaft hätte den herrlichsten Schimmer des Himmels, den schönsten und mächtigsten Grund, und weissagte uns beiden nichts anderes, als einen Himmel; wärest Du oder ich zehenmal gestorben, der Tod sollte uns keine Stunde abgewuchert haben, – – was hätte das für eine Freundschaft sein können! – und nun! Nun! – wie ist das zugegangen? wie ists so weit gekommen? [...]

Warum ich kaltsinnig worden? – weil ich Dich liebte, weil ich Dein Freund war, und sahe – daß Du es nicht von mir warst. – Faßt Dich der Gedanke? Du warst nicht mein Freund! Du hättest Achtung vor mir haben müssen wie ich vor Dir; denn wenn man eines Freund ist, muß man in ihm Eigenschaften verehren, die ihn verehrungswert machen, aber, aber – möge das Dein Herz nicht treffen wie ein Donnerschlag – Du hast nichts auf mich gehalten, die Eigenschaften, die das Wesen des Freundes ausmachen, in mir nicht gefunden, Du hast meine Fehler, für die ich doch täglich Reue und Leiden fühle, lächerlich, Dich drüber lustig gemacht, und da es Deine Freundschaftspflicht gewesen wär, mir in Liebe und Kälte solche zu rügen, mir verhehlt, hast mir sie nur im Zorn vorgeworfen, Pfui! Pfui! der schändlichen Seele! [...]

Ferner. Du hast Dich über meine Laster lustig gemacht! Du kanntest meine Eigenliebe. – Lieber himmlischer Vater ich erkenn dieses Laster, als eins der schändlichsten, wurzle mirs aus dem Herzen, lieber himmlischer Vater, ich erkenns, bereus! – und Du kanntest meine Eigenliebe –, und nun laß vorm Angesicht des *Nahen* Dir sagen: – Du hast Dich drüber lustig gemacht – Du mein Freund, vor den Leuten mich beschämt, Du, der mir in der Stille verborgen, verschwiegen hat. – Wie oft, das will ich nur noch nebenher sagen, hast Du mir meine Gedichte feurig bewundert, wie oft, wenn wir zusammensaßen, auf meinem Bette ganz erstaunungsvoll meinem törichten Eigenlob zugehört, nichts gesagt, als wenn Dirs im Eifer herausplatzte [...]. Zurück ich schäme mich jemals der Freund eines solchen gewesen zu sein!

An Georg Friedrich Scharffenstein, 1776 (?)·

Die Freundschaft der Menschen ist das Ding, das sich des Suchens nicht verlohnet.

An Andreas Streicher, 14. Januar 1783

Nur weil sie allein ihm den Weg zu der höchsten Gewalt bahnen konnte, hatte die Freundschaft des Fürsten einen Reiz für ihn gehabt, und leichtsinnig ließ er die Leiter hinter sich fallen, sobald sie ihm auf die erwünschte Höhe geholfen hatte.

»Spiel des Schicksals. Ein Bruchstück aus einer wahren Geschichte«

Wahrhaftig liebster Freund, meine Faulheit hätten Sie verachten, verdammen, verfluchen sollen, aber sie meiner Freundschaft nicht zur Last legen sollen, denn das versichere ich Ihnen, wenn man durch eine Korrespondenz mit dem Apostel Petrus ins Himmelreich kommen müßte, so wärs um meine Seligkeit geschehen.

An Wilhelm Friedrich Hermann Reinwald, 15. April 1786

Neugier

Etwas wünscht ich zu sehn, ich wünschte einmal von den Freunden,
Die das Schwache so schnell finden, das Gute zu sehn!

»Xenien« (von Goethe und Schiller)

Man schleppt sich mit so vielen tauben und hohlen Verhältnissen herum, ergreift in der Begierde nach Mitteilung und im Bedürfnis der Geselligkeit so oft ein leeres, das man froh ist, wieder fallen zu lassen; es gibt so gar erschrecklich wenig wahre Verhältnisse überhaupt, und so wenig gehaltreiche Menschen, dass man einander, wenn man sich glücklicherweise gefunden, desto näher rücken sollte.

An Christian Gottfried Körner, 31. August 1798

Wir wissen den getreuen Freund zu ehren.
Dem falschen wehren ist der Klugheit Pflicht.

»Die Jungfrau von Orleans«, II,2

Moor! Moor! möchtest du bald auch in den Pfeffer geraten, daß ich dir Gleiches mit Gleichem vergelten kann!

»Die Räuber«, II,3

Wenn ein Mensch ohne Weltkenntnis, sonst aber von gutem Verstande, einem andern, der ihn betrügt, sich aber geschickt zu verstellen weiß, seine Geheimnisse beichtet, und ihm durch seine Aufrichtigkeit selbst die Mittel leiht, ihm zu schaden, finden wir das naiv. Wir lachen ihn aus, aber können uns doch nicht erwehren, ihn deswegen hochzuschätzen. Denn sein Vertrauen auf den andern quillt aus der Redlichkeit seiner eigenen Gesinnungen; wenigstens ist er nur insofern naiv, als dieses der Fall ist.

»Über naive und sentimentalische Dichtung«

O mich hat Höllenkunst getäuscht. Mir sandte
Der Abgrund den verstecktesten der Geister,
Den Lügekundigsten herauf, und stellt' ihn
Als Freund an meine Seite. Wer vermag
Der Hölle Macht zu widerstehn! Ich zog
Den Basilisken auf an meinem Busen,
Mit meinem Herzblut nährt ich ihn, er sog
Sich schwelgend voll an meiner Liebe Brüsten,
Ich hatte nimmer Arges gegen ihn,
Weit offen ließ ich des Gedankens Tore,
Und warf die Schlüssel weiser Vorsicht weg –
Am Sternenhimmel suchten meine Augen,
Im weiten Weltenraum den Feind, den ich
Im Herzen meines Herzens eingeschlossen.

»Wallensteins Tod«, III,18

An *

Teile mir mit, was du weißt, ich werd es dankbar empfangen,
Aber du gibst mir dich selbst, damit verschone mich, Freund.

»Tabulae Votivae« (von Goethe und Schiller)

O grausam spielt das Glück
Mit mir! Der Freunde Eifer ist's, der mich
Zu Grunde richtet, nicht der Haß der Feinde.

»Wallensteins Tod«, III,16

Verzeihen Sie mir diese scharfe Rede! Ich hoffe, sie sollte Sie nicht treffen! Was reden Sie so hart wider mich, als den stolzesten, schändlichsten Verletzer der heiligen Freundschaft? War ich Ihnen dann schon so innig verbunden, daß ich nicht noch Freiheit (Freiheit der unsterblichen Seele, mit der ich zwischen Sein und Nichtsein unterscheiden kann), daß ich nicht noch Gewalt besaß, einen Wegsprung zu machen, und er ist nicht hart dieser Sprung! er ist nicht ungerecht, und viel weniger stolz! – – wenn ich das nicht an Ihnen gefunden, was mein Herz suchte, wenn ich so mißhandelt worden bin nicht mit Kleinigkeiten, sondern mit Taten die die unsterbliche Seele foltern, Gott vergebe uns beeden! – wenn ich eine bessere Wahl getroffen habe, einen höhern Freund an dem mirs nun nimmer fehlen wird für und für, bin ich dann ein Bösewicht, dass ich diesen Schritt getan habe! – o denken Sie itzt nicht hart von mir, entheiligen Sie meinen Vorsatz und Ihre unsterbliche Seele nicht – Es wird Ihnen sonst einst bitter vorgeworfen werden! – Mein lieber, immer geliebter (denn *dieser* Freund gebeut mir, Sie zu lieben in Ewigkeit), es kommt bei der Freundschaft auf alle Kleinigkeiten – in den Augen der Welt Kleinigkeiten an! Und wie sehr sind wir hierin verschieden? wie viel Ungleichheit der Seelen! wie näher mußten wir uns nähern, wenn wir Freunde sein sollten, alles vorige weggerechnet, Ihre Art des Studierens gefiel mir nie; wenn wir Bücher zusammen lasen, waren wir selten einer Empfindung, sehr mannigfaltig, Ihr Vortrag, wenn Sie mir meine Fehler, meine Eigenliebe, meinen Stolz, kurz meine Laster (die ich sehr wohl erkenne und bei Gott bereue) vorwarfen, Ihr Vortrag dabei hatte das Herzliche, Edle Trauliche nicht, und sehr oft bemerkte ich, daß Sie nur in der Hitze mit Vorwürfen herausplatzten, die Sie mir – ist das Freundschaft? – sonst verschwiegen. Nie hatten Sie das edle freie Zutrauen zu mir, wie sich's dem Freunde gebührt, lauter Gründe die mich in den Augen des Weisesten, Gerechtesten entschuldigen, daß ich so und nicht anders gehandelt habe!

Aber genug mein Lieber! – wir wollen einander unsere Herzen nicht quälen, vielleicht sind wir in einer bessern Welt uns gleicher als hier und dann werden unsere Arme offen sein zu freundlicher Umarmung, wir gehen beide einem letzten Ziele entgegen und an diesem Ziele, wann wir uns freudiger wiedersehen sollten! – –

Lieben Sie mich – oder! hassen Sie mich nicht! Ich bin ein Jüngling von feinerem Stoff als viele und selten traf ich das rechte Ziel, oft, oft gleitete ich neben aus, wie im vorigen Falle, aber hier – hier hab ich das rechte Ziel, Gott wird mit mir sein und mich führen! –

An Georg Friedrich Boigeol, 1776 (?)

Wallenstein *lächelnd*:
Den alten Gordon hör ich wieder sprechen.
– Wohl weiß ich, daß die ird'schen Dinge wechseln,
Die bösen Götter fodern ihren Zoll,
Das wußten schon die alten Heidenvölker,
Drum wählten sie sich selbst freiwill'ges Unheil,
Die eifersücht'ge Gottheit zu versöhnen,
Und Menschenopfer bluteten dem Typhon.
Nach einer Pause, ernst und stiller:
Auch ich hab ihm geopfert – Denn mir fiel
Der liebste Freund, und fiel durch meine Schuld.
So kann mich keines Glückes Gunst mehr freuen,
Als dieser Schlag mich hat geschmerzt – Der Neid
Des Schicksals ist gesättigt, es nimmt Leben
Für Leben an, und abgeleitet ist
Auf das geliebte, reine Haupt der Blitz,
Der mich zerschmetternd sollte niederschlagen.

»Wallensteins Tod«, V,4

Hätt ich vorher gewußt, was nun geschehn,
Daß es den liebsten Freund mir würde kosten,
Und hätte mir das Herz, wie jetzt, gesprochen –
Kann sein, ich hätte mich bedacht – kann sein
Auch nicht –

»Wallensteins Tod«, V,5

In seinem Kopfe hatten sich Wahrheit und Irrtum noch nicht so genau voneinander gesondert, daß es ihm nicht oft begegnet wäre, die Stützen der einen mit den Stützen des andern zu verwechseln; daher kam es, daß der Schlag, der seinen Glauben an Wunder stürzte, das ganze Gebäude seines religiösen Glaubens zugleich zum Wanken brachte. Es erging ihm hier, wie einem unerfahrnen Menschen, der in der Freundschaft oder Liebe hintergangen worden, weil er schlecht gewählt hatte, und der nun seinen Glauben an diese Empfindungen überhaupt sinken läßt, weil er bloße Zufälligkeiten für wesentliche Eigenschaften und Kennzeichen derselben aufnimmt.

»Der Geisterseher«, 2. Buch

Vielleicht, daß wir einen Freund bevollmächtigen, unsre Sitten und unser Herz anzugreifen, aber es kostet uns Mühe, ihm ein einziges Lachen zu vergeben. Unsre Vergehungen ertragen einen Aufseher und Richter, unsre Unarten kaum einen Zeugen.

»Was kann eine gute stehende Schaubühne wirklich leisten«

[Für einen Kunstfreund]

Die Weisheit wohnte sonst auf großen Foliobogen,
Der Freundschaft war ein Taschenbuch bestimmt;
Jetzt, da die Wissenschaft ins kleinre sich gezogen,

Und leicht, wie Kork, in Almanachen schwimmt,
Hast du, ein hochbeherzter Mann,
Dies ungeheure Haus den Freunden aufgetan.
Wie? Fürchtest du denn nicht, ich muß dich
ernstlich fragen,
An so viel Freunden allzuschwer zu tragen?

Hier schon sind einige Winke gegeben, wie wenig die Anhänglichkeit des Marquis an den Prinzen auf *persönliche* Übereinstimmung sich gründet. Frühe denkt er sich ihn als *Königssohn*, frühe drängt sich diese Idee zwischen sein Herz und seinen bittenden Freund. Karlos öffnet ihm seine Arme; der junge Weltbürger kniet vor ihm nieder. Gefühle für Freiheit und Menschenadel waren früher in seiner Seele reif als Freundschaft für Karlos; dieser Zweig wurde erst nachher auf diesen stärkern Stamm gepfropft. Selbst in dem Augenblick, wo sein Stolz durch das große Opfer seines Freundes bezwungen ist, verliert er den Fürstensohn nicht aus den Augen. »Ich will bezahlen«, sagt er, »wenn du – König bist.« Ist es möglich, daß sich in einem so jungen Herzen, bei diesem lebendigen und immer gegenwärtigen Gefühl der Ungleichheit ihres Standes, *Freundschaft* erzeugen konnte, deren wesentliche Bedingung doch *Gleichheit* ist? Also auch damals schon war es weniger Liebe als Dankbarkeit, weniger Freundschaft als Mitleid, was den Marquis dem Prinzen gewann. Die gewaltigen kühnen und reichen Gefühle, Ahndungen, Träume, Entschlüsse, die sich dunkel und verworren in dieser Knabenseele drängten, mußten mitgeteilt, in einer andern Seele angeschaut werden, und Karlos war der einzige, der sie mit ahnden, mit träumen konnte, und der sie erwiderte. Ein Geist wie Posas mußte seine Überlegenheit frühzeitig zu genießen streben, und der liebevolle Karl schmiegte sich so unterwürfig, so gelehrig an ihn an! Posa sah in diesem schönen Spiegel sich selbst, und freute sich seines Bildes. So entstand diese akademische Freundschaft.

»Briefe über Don Karlos«, Dritter Brief

DU CHATEL: Mach Frieden mit dem Herzog von Burgund,
Sonst seh ich keine Rettung mehr für dich.
KARL: Du rätst mir dieses, und *dein Blut* ist es,
Womit ich diesen Frieden soll versiegeln?
DU CHATEL: Hier ist mein Haupt. Ich hab es oft für dich
Gewagt in Schlachten und ich leg es jetzt
Für dich mit Freuden auf das Blutgerüste.
Befriedige den Herzog. Überliefre mich
Der ganzen Strenge seines Zorns und laß
Mein fließend Blut den alten Haß versöhnen!
KARL *blickt ihn eine Zeitlang gerührt und schweigend an:*
Ist es denn wahr? Steht es so schlimm mit mir,
Daß meine Freunde, die mein Herz durchschauen,
Den Weg der Schande mir zur Rettung zeigen?
Ja, jetzt erkenn ich meinen tiefen Fall,
Denn das Vertraun ist hin auf meine Ehre.
DU CHATEL: Bedenk –
KARL: Kein Wort mehr! Bringe mich nicht auf!
Müßt ich zehn Reiche mit dem Rücken schauen,
Ich rette mich nicht mit des Freundes Leben.
– Tu was ich dir befohlen. Geh und laß
Mein Heergerät einschiffen.
DU CHATEL: Es wird schnell
Getan sein.

»Die Jungfrau von Orleans«, I,6

Vom Staube hat er manchen aufgelesen,
Zu hoher Ehr und Würden ihn erhöht,
Und hat sich keinen Freund damit, nicht *einen*
Erkauft, der in der Not ihm Farbe hielt!

»Wallensteins Tod«, IV,2

Wie würde ein sorgsamer Freund des Prinzen, der aber ganz nur *Freund* allein, und *mehr nicht* gewesen wäre, in dieser Lage gehandelt haben? und wie hat Posa, der Weltbürger, gehandelt? Posa, des Prinzen Freund und Vertrauter, hätte viel zu sehr für die Sicherheit seines Karlos gezittert, als daß er es hätte wagen sollen, zu einer gefährlichen Zusammenkunft mit seiner Königin die Hand zu bieten. Des Freundes Pflicht wär es gewesen, auf Erstickung dieser Leidenschaft und keineswegs auf ihre Befriedigung zu denken. Posa, der Sachwalter Flanderns, handelt ganz anders. Ihm ist nichts wichtiger, als diesen hoffnungslosen Zustand, in welchem die tätigen Kräfte seines Freundes versinken, auf das schnellste zu endigen, sollte es auch ein kleines Wagestück kosten. Solang sein Freund in unbefriedigten Wünschen verschmachtet, kann er fremdes Leiden nicht fühlen; solang seine Kräfte von Schwermut niedergedrückt sind, kann er sich zu keinem heroischen Entschlusse erheben. Von dem unglücklichen Karlos hat Flandern nichts zu hoffen, aber vielleicht von dem glücklichen. Er eilt also, seinen heißesten Wunsch zu befriedigen, er selbst führt ihn zu den Füßen seiner Königin; und dabei allein bleibt er nicht stehen. Er findet in des Prinzen Gemüt die Motive nicht mehr, die ihn sonst zu heroischen Entschlüssen erhoben hatten: was kann er anders tun, als diesen erloschnen Heldengeist an fremdem Feuer entzünden, und die einzige Leidenschaft nutzen, die in der Seele des Prinzen vorhanden ist? An diese muß er die neuen Ideen anknüpfen, die er jetzt bei ihr herrschend machen will. Ein Blick in der Königin Herz überzeugt ihn, daß er von ihrer Mitwirkung alles erwarten darf. Nur der erste Enthusiasmus ist es, den er von dieser Liebe entlehnen will. Hat sie dazu geholfen, seinem Freunde diesen heilsamen Schwung zu geben, so bedarf er ihrer nicht mehr, und er kann gewiß sein, daß sie durch ihre eigene Wirkung zerstört werden wird. Also selbst dieses Hindernis, das sich seiner großen

Angelegenheit entgegenwarf, selbst diese unglückliche Liebe wird jetzt in ein Werkzeug zu jenem wichtigeren Zwecke umgeschaffen, und Flanderns Schicksal muß durch den Mund der Liebe an das Herz seines Freundes reden. [...]

Würde der *Freund* des Karlos es über sich vermocht haben, so verwegen mit dem guten Namen, ja selbst mit dem Leben seines Freundes zu spielen? Aber Posa, dem die Befreiung eines unterdrückten Volks eine weit dringendere Aufforderung war als die kleinen Angelegenheiten eines Freundes, Posa, der Weltbürger, mußte gerade so und nicht anders handeln. Alle Schritte, die im Verlauf des Stücks von ihm unternommen werden, verraten eine *wagende Kühnheit*, die ein heroischer Zweck allein einzuflößen im Stand ist; Freundschaft ist oft verzagt, und immer besorglich. Wo ist bis jetzt im Charakter des Marquis auch nur eine Spur dieser ängstlichen Pflege eines isolierten Geschöpfs, dieser alles ausschließenden, alles für *einen* Gegenstand hingebenden, alles in *einem* Gegenstande genießenden Neigung, worin doch allein der eigentümliche Charakter der leidenschaftlichen Freundschaft bestehet? Wo ist bei ihm das Interesse für den Prinzen nicht dem höhern Interesse für die Menschheit untergeordnet? Fest und beharrlich geht der Marquis seinen großen kosmopolitischen Gang, und alles, was um ihn herum vorgeht, wird ihm nur durch die Verbindung wichtig, in der es mit diesem höhern Gegenstande steht.

»Briefe über Don Karlos«, Dritter Brief

Und wem bracht er dies Opfer?
Dem Knaben, meinem Sohne? Nimmermehr.
Ich glaub es nicht. Für einen Knaben stirbt
Ein Posa nicht. Der Freundschaft arme Flamme

Füllt eines Posa Herz nicht aus. Das schlug
Der ganzen Menschheit. Seine Neigung war
Die Welt mit allen kommenden Geschlechtern.

»Don Karlos«, V,9

Geräuschlos, ohne Gehülfen, in stiller Größe zu wirken, ist des Marquis Schwärmerei. Still, wie die Vorsicht für einen Schlafenden sorgt, will er seines Freundes Schicksal auflösen, er will ihn retten, wie ein Gott – und eben dadurch richtet er ihn zugrunde. Daß er zu sehr nach seinem Ideal von Tugend in die Höhe, und zu wenig auf seinen Freund herunter blickte, wurde beider Verderben. Karlos verunglückte, weil sein Freund sich nicht begnügte, ihn auf eine gemeine Art zu erlösen.

»Briefe über Don Karlos«, Eilfter Brief

An den häuslichen Altären
Kann der Mord bereitet sein.
Mancher fiel durch Freundestücke,
Den die blut'ge Schlacht verfehlt«,
Sprach Ulyß mit Warnungsblicke […].

»Das Siegesfest«

Jetzt in diesem Zustand der Leidenschaft werden alle die Triebfedern sichtbar, die ihn [Marquis Posa] bis jetzt in Handlung gesetzt haben, jetzt ergeht es ihm wie jedem Schwärmer, der von seiner herrschenden Idee überwältigt wird. Er kennt keine Grenzen mehr, im Feuer seiner Begeisterung *veredelt er sich den König*, der mit Erstaunen ihm zuhört, und vergißt sich so weit, Hoffnungen auf ihn zu gründen, worüber er in den nächsten ruhigen Augenblicken erröten wird. An Karlos wird jetzt nicht mehr gedacht. Was für ein langer Umweg, erst auf diesen zu warten! Der König bietet ihm eine weit nähere und schnellere Befriedigung dar. Warum das Glück der Menschheit bis auf seinen Erben verschieben?

Würde sich Karlos' Busenfreund so weit vergessen, würde eine andere Leidenschaft als die herrschende ihn so weit hingerissen haben? Ist das Interesse der Freundschaft so beweglich, daß man es mit so weniger Schwierigkeit auf einen andern Gegenstand übertragen kann? Aber alles ist erklärt, sobald man die Freundschaft jener herrschenden Leidenschaft *unterordnet*. Dann ist es natürlich, daß diese bei dem nächsten Anlaß ihre Rechte reklamiert, und sich nicht lange bedenkt, ihre Mittel und Werkzeuge umzutauschen.

Das Feuer und die Freimütigkeit, womit Posa seine Lieblingsgefühle, die bis jetzt zwischen Karlos und ihm Geheimnisse waren, dem Könige vortrug; und der Wahn, daß dieser sie verstehen, ja gar in Erfüllung bringen könnte, war eine offenbare Untreue, deren er sich gegen seinen Freund Karl schuldig machte. Posa, der Weltbürger, durfte so handeln, und ihm allein kann es vergeben werden; an dem Busenfreunde Karls wäre es ebenso verdammlich, als es unbegreiflich sein würde.

»Briefe über Don Karlos«, Sechster Brief

Von falschen Freunden stammt mein ganzes Unglück,
Die Weisung hätte früher kommen sollen,
Jetzt brauch ich keine Sterne mehr dazu.

»Wallensteins Tod«, V,5

Nur ein Fremdling im schönen Umgang z.B. wird Versicherungen der Höflichkeit, die eine allgemeine Form ist, als Merkmale persönlicher Zuneigung aufnehmen, und wenn er getäuscht wird, über Verstellung klagen. Aber auch nur ein Stümper im schönen Umgang wird, um höflich zu sein, die Falschheit zu Hülfe rufen, und schmeicheln, um gefällig zu sein. Dem ersten fehlt noch der Sinn für den selbstständigen Schein, daher kann er demselben nur durch die Wahrheit Bedeutung geben; dem zweiten fehlt es an Realität, und er möchte sie gern durch den Schein ersetzen.

»Über die ästhetische Erziehung des Menschen in einer Reihe von Briefen«, 26. Brief

Aus dem Auge, aus dem Sinn?
Freundschaft und Entfernung

Sonst, mein Lieber, muß ich Dir gestehen daß, wenn ich es hätte, ich *Deine Gesellschaft* jetzt in Gold aufwägen würde. Hundertmal denke ich an Dich, Du fehlst mir alle Stunden. Warum können wir nicht beieinander sein, wir, die so sehr zusammen gehören? Ich habe so unendlich viel an Dich auf dem Herzen, das ich Dir durchaus nicht schreiben kann. Hier habe ich viele Bekannte, worunter auch recht brave Menschen sind – aber keinen Freund den ich lieben könnte.

An Ludwig Ferdinand Huber, 6. Oktober 1787

Gewiß, die edle und reine Freundschaft kann sich auch abwesend recht viel sein, und zu fühlen, daß auch entfernt an einen gedacht wird, erweitert und verdoppelt das eigene Dasein.

An Caroline von Beulwitz und Charlotte von Lengefeld, 19./20. November 1788

So große Intervallen, wie bisher, dürfen nicht mehr vorfallen, bis wir einander wieder sehen.

An Christian Gottfried Körner, 25. Mai 1792

Freu dich des Siegs, vergiß was er dir kostet.
Nicht heute erst ward dir der Freund geraubt,
Als er sich von dir schied, da starb er dir.

»Wallensteins Tod«, V,3

Sonderbar finde ich die Wege des Himmels auch hier. Acht Jahre mußten *wir* beieinander sein, uns gleichgültig sein. Jetzt sind wir getrennt und werden uns wichtig. Wer von uns beiden hätte auch nur von ferne die verborgenen Fäden geahndet, die uns einmal so fest aneinander zwingen sollten und ewig. Aber vielleicht war eben dieses beiderseitige Ausweichen das Werk einer weisern Vorsicht. Wir sollten uns erst kennen, wenn wir beide verdienten gekannt zu sein. *Beide* noch unvollkommen, hätten wir zu früh, und zu viele Schwächen an uns beobachtet, und wären nie füreinander erwärmt worden. Achtung nur ist der Freundschaft unfehlbares Band, und diese mußten wir noch erst beide erwerben. Durch zweierlei Wege sind wir nunmehr zu eben dem Ziel gelangt, und finden uns hier mit Entzücken. *Sie*, mein Bester, haben den ersten Schritt getan, und ich erröte vor Ihnen. Immer verstand ich mich weniger darauf, Freunde zu erwerben, als die erworbenen festzuhalten.

An Wilhelm von Wolzogen, 25. Mai 1783

Ihre Briefe sind für uns reichbeladne Schiffe, und machen jetzt eine meiner besten Freuden aus.

An Johann Wolfgang Goethe, 14./15. September 1797

Es ist doch eine wohltuende Empfindung, sich, wenn man getrennt lebt, und auch wie wir beide sich im Geiste nahe bleibt, zuweilen wieder in das fleischliche Auge zu sehen.

An Christian Gottfried Körner, 1. September 1794

Ihre Briefe, lieber Freund, sind mir ein rechter Trost, und ob ich gleich von dem liebevollen Begriffe, den Sie sich von mir bilden, den Anteil abziehen muß, den Ihre Freundschaft daran hat, so dient er mir doch zu einer fröhlichen

Ermunterung, deren ich weit öfter bedarf als entraten kann. Der Wunsch und die Hoffnung, es Ihnen recht zu machen, hat mich auch bei diesen poetischen Arbeiten belebt und gestärkt und wird es auch künftig tun.

An Wilhelm von Humboldt, 21. August 1795

Es kommt mir oft wunderlich vor, mir Sie so in die Welt hineingeworfen zu denken, indem ich zwischen meinen papiernen Fensterscheiben sitze, und auch nur Papier vor mir habe, und daß wir uns doch nahe sein und einander verstehen können.

An Johann Wolfgang Goethe, 16. Oktober 1795

Das Schönste ja das einzige was der Existenz einen Wert gibt, die wechselseitige Belebung und Bildung hätte dabei gewonnen; nicht Du allein, ihr alle hättet, nach meiner Vorstellung, an echtem Lebensgehalt gewinnen müssen, wenn Du in ein freieres Verhältnis Dich hättest setzen können, was doch auf einer Universität immer der Fall ist, und wenn wir, Goethe mitgerechnet, einander näher hätten leben können. Denn jetzt wäre eigentlich der Zeitpunkt, wo unser gegenseitiges Verhältnis, das durch seine innere Wahrheit, Reinheit und ununterbrochene Dauer, ein Teil unserer Existenz geworden ist, die schönsten Früchte für uns tragen sollte.

An Christian Gottfried Körner, 31. August 1798

Du bist fort, Raphael – und die schöne Natur geht unter, die Blätter fallen gelb von den Bäumen, ein trüber Herbstnebel liegt wie ein Bahrtuch über dem ausgestorbnen Gefilde. Einsam durchirre ich die melancholische Gegend, rufe laut deinen Namen aus, und zürne, daß mein Raphael mir nicht antwortet.

Ich hatte deine letzten Umarmungen überstanden. Das traurige Rauschen des Wagens, der dich von hinnen führte, war endlich in meinem Ohre verstummt. Ich Glücklicher hatte schon einen wohltätigen Hügel von Erde über den Freuden der Vergangenheit aufgehäuft, und jetzt stehest du gleich deinem abgeschiedenen Geiste von neuem in diesen Gegenden auf, und meldest dich mir auf jedem Lieblingsplatz unsrer Spaziergänge wieder. Diesen Felsen habe ich an *deiner* Seite erstiegen, an deiner Seite diese unermeßliche Perspektive durchwandert. Im schwarzen Heiligtum dieser Buchen, ersannen wir zuerst das kühne Ideal unsrer Freundschaft. Hier war's, wo wir den Stammbaum der Geister zum erstenmal auseinanderrollten und Julius einen so nahen Verwandten in Raphael fand. Hier ist keine Quelle, kein Gebüsche, kein Hügel, wo nicht irgendeine Erinnerung entflohener Seligkeit auf meine Ruhe zielte. Alles, alles hat sich gegen meine Genesung verschworen. Wohin ich nur trete, wiederhole ich den bangen Auftritt unsrer Trennung. –

Was hat du aus mir gemacht, Raphael? Was ist seit kurzem aus mir geworden! Gefährlicher großer Mensch! daß ich dich niemals gekannt hätte oder niemals verloren! Eile zurück, auf den Flügeln der Liebe komm wieder oder deine zarte Pflanzung ist dahin. Konntest du mit deiner sanften Seele es wagen, dein angefangenes Werk zu verlassen, noch so ferne von seiner Vollendung?

»Philosophische Briefe«, Julius an Raphael. Im Oktober

Es ist eigen, wie wir seit dem Jahre 1794 und 95, wo wir in Jena zusammen philosophierten und uns durch eine Geistesreibung elektrisierten, auseinander verschlagen worden sind. Jene Zeiten werden mir ewig unvergeßlich sein, und ob ich mich gleich in dieser Zeit in die erfreulichere poetische Tätigkeit versetzt habe, und mich im ganzen auch körperlich gesünder fühle, so kann ich Ihnen doch versichern, teurer Freund, daß Sie mir fehlen und daß ich mich aus Mangel einer solchen Geistesberührung, als damals zwischen uns war, um soviel älter geworden fühle.

An Wilhelm von Humboldt, 17. Februar 1803

Es ist mir ein rechter Trost, Sie wieder in unserer Nähe zu wissen; noch nie ist mir eine Trennung von Ihnen so lang vorgekommen wie die jetzige, obgleich ich weniger als sonst mich allein befunden habe. Ich freue mich, wenn Sie mir Ihre neuen Entdeckungen für die Morphologie mitteilen; die poetische Stunde wird schon schlagen.

An Johann Wolfgang Goethe, 13. November 1796

Harry und Sally
Die besondere Freundschaft zwischen Mann und Frau

Eine Schäferstunde der Liebe ist ein aussetzender Aderschlag in der Freundschaft.

»Philosophische Briefe«, Theosophie des Julius

Seit Ihrer Abwesenheit bin ich mir selbst gestohlen. Es geht uns mit großen lebhaften Entzückungen, wie demjenigen der lange in die Sonne gesehen. Sie steht noch vor ihm, wenn er das Auge längst davon weggewandt. Es ist für jede geringere Strahlen verblindet. Aber ich werde mich wohl hüten, diese angenehme Täuschung auszulöschen.

An Henriette von Wolzogen, 4. Januar 1783

Es ist mir wahrscheinlich, daß der Keim einer unerschütterlichen Freundschaft in uns beiden [Schiller und Charlotte von Kalb] vorhanden ist, aber er wartet noch auf seine Entwicklung.

An Christian Gottfried Körner, 8./9. August 1787

Ein weiblicher Freund ist keiner.

An Ludwig Ferdinand Huber, 6. Oktober 1787

Sosehr ich das Vergnügen meiner Freunde liebe, so wünsche ich sie doch so selten als möglich auf Bällen. Ich weiß nicht warum – aber ich habe aus eigner Erfahrung, daß ein Vergnügen das das Blut so unordentlich erhitzt, und das die *bessern* Menschen den *armseligen* so nahe bringt und mit ihnen vermischt, die feinen Gefühle und die edlern Genüsse des Geists gerne auf eine Zeitlang hinwegschwemmt. Ihr Fall ist dieses nun wohl nicht – aber die Erfahrung ist mir so geläufig, daß ich mich einer geheimen Furcht nicht erwehren kann, wenn ich das, *was mir liebe ist*, durch eine Reihe fliegen sehe, die mir *nicht* lieb ist.

An Charlotte von Lengefeld, 21. August 1788

Es freut mich, wenn Sie diejenigen Stücke von mir, die mir selbst lieb sind, lieb gewinnen, und sich gleichsam zu eigen machen; dadurch werden unsre Seelen immer mehr und mehr aneinander gebunden werden. Ich sehe diese Stücke als Garants unsrer Freundschaft an; es sind abgerißne Stücke *meines Wesens*, und es ist ein entzückender Gedanke für mich, sie in das *Ihrige* übergegangen zu sehen, sie in *Ihnen* wieder anzuschauen, und als Blumen, die ich pflanzte wiederzuerkennen.

An Charlotte von Lengefeld, 3. September 1788

Wir könnten einander das bißchen Leben und Dasein recht angenehm durchbringen helfen, das finde ich mit jedem Tage mehr – und das ist doch nicht immer zu haben, wenn man es will, das können uns wenig Menschen. Wie glücklich bin ich durch Ihren Umgang, und wieviel wird er mir mit jedem Tage. Es ist auch viel Mannigfaltigkeit in unserm Zirkel, die sich dann wieder in *eine* Übereinstimmung auflöst – Fünf Köpfe und Herzen, die am Ende doch wieder in eins sich zusammenneigen.

An Caroline von Beulwitz, zweite Hälfte September (?) 1788

Ich denke mit Verwunderung nach, was in *einem* Jahre doch alles geschehen kann. Heute vor einem Jahre waren Sie für mich so gut als gar nicht in der Welt – und jetzt sollte es mir schwer werden, mir die Welt ohne Sie zu denken. Denken auch *Sie* immer wie heute. So ist unsre Freundschaft unzerstörbar wie unser Wesen!

An Caroline von Beulwitz, 10. November 1788

Vortrefflichkeit der Seelen ist ein schönes und ein unzerreißbares Band der Freundschaft und Liebe. Unsre Freundschaft und Liebe wird unzerrreißbar und ewig sein, wie die Gefühle, worauf wir sie gründen.

An Charlotte von Lengefeld, 3. August 1789

Charlotte [von Kalb] ist eine große sonderbare weibliche Seele, ein wirkliches Studium für mich, die einem größeren Geist als der meinige ist, zu schaffen geben kann. Mit jedem Fortschritt unsers Umgangs entdecke ich neue Erscheinungen an ihr, die mich, wie schöne Partien in einer weiten Landschaft, überraschen und entzücken.

An Sophie von La Roche, 23. Januar 1797

Aber wie bringen *Sie* jetzt Ihre Tage zu, teure Freundin? Traurig, fürcht ich, und wünsche es gewissermaßen doch, denn es ist etwas Tröstendes und Süßes in der Vorstellung, daß 2 getrennte Freunde ohne einander nicht lustig sind. O, es soll mich spornen bald bald wieder bei Ihnen zu sein, und unterdessen will ich bei meinen größten Zerstreuungen an *Sie*, meine Werteste, denken, ich will mich oft aus dem Zirkel der Gesellschaft losreißen und auf meinem Zimmer schwermütig nach Ihnen mich hinträumen, und weinen. Bleiben Sie, meine Liebe, bleiben Sie, was Sie mir bisher gewesen sind, meine erste und teuerste Freundin, und, lassen Sie uns ohne Zeugen ein Beispiel unverfälschter Freundschaft sein. Wir wollen uns beide besser und edler machen, wir wollen durch wechselseitigen Anteil und den zärtesten Bund schöner Empfindungen die Glückseligkeit dieses Lebens erschöpfen, und am Ende stolz auf dieses untadelhafte Bündnis sein. Nehmen Sie keinen *Freund* mehr in Ihrem Herzen auf. Das meinige bleibt Ihnen bis in den Tod, und wo möglich noch über diesen hinaus.

An Henriette von Wolzogen, 28. Juli 1783

[An Marie Henriette Elisabeth von Arnim]

Ein treffend Bild von diesem Leben,
Ein Maskenball, hat dich zur Freundin mir gegeben.
Mein erster Anblick war – Betrug.
Doch unsern Bund, geschlossen unter Scherzen,
Bestätigte die Sympathie der Herzen,
Ein Blick war uns genug;
Und durch die Larve, die ich trug,
Las dieser Blick in meinem Herzen,
Das warm in meinem Busen schlug!

Der Anfang unsrer Freundschaft war nur – Schein!
Die Fortsetzung soll Wahrheit sein.

In dieses Lebens buntem Lottospiele
Sind es so oft nur Nieten, die wir ziehn.
Der Freundschaft stolzes Siegel tragen viele,
Die in der Prüfungsstunde treulos fliehn.
Oft sehen wir das Bild, das unsre Träume malen,
Aus Menschenaugen uns entgegenstrahlen,
Der, rufen wir, der muß es sein!
Wir haschen es – und es ist Stein.

Den edlen Trieb, der weichgeschaffne Seelen
Magnetisch aneinanderhängt –
Der uns, bei fremden Leiden uns zu quälen,
Bei fremdem Glück zu jauchzen zwingt –
Der uns des Lebens schwere Lasten tragen,
Des Todes Schrecken selbst besiegen lehrt,
Durch den wir uns der Gottheit näher wagen,
Und leichter selbst das Paradies entbehrt –
Den edeln Trieb – du hast ihn ganz empfunden,
Der Freundschaft seltnes, schönes Los ist dein.
Den höchsten Schatz, der Tausenden verschwunden,
Hast du gesucht – hast du gefunden,
Die Freundin eines Freunds zu sein.

Auch mir bewahre diesen stolzen Namen.
Ein Platz in deinem Herzen bleibe mein.
Spät führte das Verhängnis uns zusammen,
Doch ewig soll das Bündnis sein.
Ich kann dir nichts als treue Freundschaft geben,
Mein Herz allein ist mein Verdienst.
Dich zu verdienen, will ich streben –
Dein Herz bleibt mir – wenn du das meine kennst!

Lassen Sie mich hoffen, beste Karoline, daß Sie auch mich zuweilen mit einschließen, wenn Sie Ihrer Freundinnen gedenken. Binden Sie uns zusammen in Ihrer Erinnerung, so wird der Himmel uns nicht trennen. Ich habe ja auch sonst noch kein andres Recht an Ihre Freundschaft, als daß ich die liebe, die Sie lieben. Unser kurzes Beisammensein konnte mir noch keines erwerben; und auf Treu und Glauben müssen Sie mich einstweilen annehmen, bis ich es Ihnen lebhafter machen kann, wie nah Ihnen meine Seele ist.

An Karoline von Dacheröden, 21. August 1789

Denn nur die Starke kann die Freundin sein
Des starken Mannes, und dies glühnde Herz
Sehnt sich an einer gleichen Brust zu ruhn,
Die seine Kraft kann fassen und ertragen.

»Die Jungfrau von Orleans«, III,1

Ich trotze
Dem Schein – Ich will vor Menschen nicht mehr zittern,
Will einmal kühn sein wie ein Freund. Mein Herz
Soll reden.

»Don Karlos«, V, Letzter Auftritt

Hochzeitgedicht auf die Verbindung Henrietten N. mit N. N.

Von einem Freunde der Braut

Zum erstenmal – nach langer Muße –
Dir, gutes Kind, zum Hochzeitgruße,
Ergreif ich meinen Dichterkiel.
Die Schäferstunde schlägt mir wieder –
Vom Herzen strömen warme Lieder
Ins brachgelegne Saitenspiel.

Darf sich in deinen Jubeltagen
Auch *ernste Weisheit* zu dir wagen? –
Sie kommt aus deines Freundes Brust.
Die Weisheit ist der Freude Schwester,
Sie trennt sie nicht – sie knüpft sie fester,
Und lächelt zu erlaubter Lust.

Wenn Tugenden den Kranz gewinnen,
Da will die Freudenträne rinnen,
Da denk ich an die schönre Welt –
So selten lohnt das Glück den Besten! –
Oft weint die Tugend an den Festen,
Die das gekrönte Laster hält.

Du Mädchen mit dem besten Herzen,
Du hast Gefühl für fremde Schmerzen,
Für fremde Wonne Sympathie –
Erröte nicht! – Ich sahe Proben –
Und meine Leier – frag dort oben! –
Die stolze Leier schmeichelt nie.

Wie mühsam sucht durch Rang und Ahnen
Die leidende Natur sich Bahnen!
Gefühl erstickt in Ziererei.
Oft drücken ja, gleich Felsenbürden,
Mit Seelenruh bezahlte Würden
Der *Großen kleines* Herz entzwei!!! –

Dein Herz, das noch kein Neid getadelt,
Dein reines Herz hat dich geadelt,
Und Ehrfurcht zwingt die Tugend ab –
Ich fliege Pracht und Hof vorüber,
Bei einer Seele steh ich lieber,
Der die Empfindung – Ahnen gab.

Wer war der Engel deiner Jugend?
Wer rettete die junge Tugend? –
Hast du auch schon an sie gedacht?
Die *Freundin*, die dir Gott gegeben?
Ihr Adelbrief – ein schönes Leben!
(Den haß ich, den sie mitgebracht.)

Sie riß dich weg von Pöbelseelen –
Dein Brautgebet wird's Gott erzählen! –
Du gingst ihr nach, und wurdest gut.
Sie schuf dich zu des Gatten Wonne,
Erwärmte, gleich der Frühlingssonne,
Zur Tugend deinen jungen Mut.

Wie eilte *sie* mit Muttergüte
Zu Hilfe jeder jungen Blüte,
Bis Leben in die Wurzel floß!

Wie pflegte sie mit Flammeneifer
Des zarten Sprößlings, bis er reifer,
Ein stolzer Wuchs, zum Himmel schoß.

So eile denn zum Brautaltare!
Die Liebe zeigt dir goldne Jahre –
Mein warmer Segen eilt voran.
Du kennst der Gattin Schuldigkeiten!
Du hast ein Herz für ihre Freuden,
Und glücklich preis ich deinen Mann.

Wie schön ist doch das Band der Liebe!
Sie knüpft uns, wie das Weltgetriebe,
Auf ewig an den Schöpfer an.
Wenn Augen sich in Augen stehlen,
Mit Tränen Tränen sich vermählen,
Ist schon der süße Bund getan.

Wie göttlich süß ist das Vergnügen,
Ans Herz des Gatten sich zu schmiegen,
Wie süß, sich seines Glücks zu freun!
Wie süßer – sich für ihn zu quälen!
Auch Wehmut kettet schöne Seelen,
Und wollustvoll ist diese Pein!

Du wirst mit liebevollem Eilen
Das Schicksal *deines* Mannes teilen,
Und schnell in seine Seele sehn.
Wie zärtlich wirst *du* jeden Träumen,
Die kaum in seinem Busen keimen,
Wie zärtlich rasch entgegengehn!

Wenn unter drückenden Gewichten
Des Kummers und der Bürgerpflichten
Der müde Gatte niederfiel,
Wirst du mit *einem* holden Lächeln
Erfrischung ihm entgegenfächeln –
Und spielend trägt er sie zum Ziel.

Wenn Schmerz in seinem Busen wütet,
Und über ihm die Schwermut brütet,
In seinem Herzen Stürme wehn,
Wirst du mit heiterem Gesichte
Erquickend, gleich dem Sonnenlichte,
Durch seines Grames Nebel sehn.

Wenn selbst der Wonne süße Bürde
Dem Einsamen zu lästig würde
(Auch Lust gesellt sich Helfer bei),
Wirst du die schönste Hälfte tragen,
Und erst *dein* Auge wird ihm sagen,
Wie groß des Glückes Fülle sei?

Ja – darf ich über Jahre fliehen,
Den Schleier von der Zukunft ziehen? –
Ein *neues* Glück erwartet dein!! –
Das größte, so der Mensch empfindet,
Das nur im Himmel Muster findet –
Die Mutter eines Kinds zu sein!!! –

Die Mutter eines Kinds zu werden! –
Was droben süß ist, und auf Erden,
Das Wonnewort schließt alles ein.
Das kleine Wesen – welch Vergnügen! –
Im mütterlichen Schoß zu wiegen!
Was kann im Himmel schöner sein?

Die Seligkeit – du wirst sie kennen,
Wenn stammelnd dich die Kinder nennen,
Und herzlich dir entgegenfliehn –
Die bange Lust – – die süße Qualen – –
Umsonst! kein Jüngling kann sie malen –
Hier werf ich meinen Pinsel hin –

Was Lieder nicht zu singen wagen,
Laß dir der Mütter beste sagen,
»Was einer Mutterfreude glich?«

Du hörtest *ihre* Seufzer hallen,
Du sahest *ihre* Tränen fallen,
Du liebst sie – darum lieb ich dich.

Laß dir der Mütter beste sagen,
Wie himmlisch alle Pulse schlagen,
Wenn nur des Kindes Name klingt?
Wie selbst das Land sich schöner malet,
Wie heller selbst der Himmel strahlet,
Der über ihren Kindern hängt?

Wie süß der Gram um Kleinigkeiten? –
Wie süß die Angst: es möchte leiden?
Die Träne, die sie still vergießt?
Die Ungeduld, ihm zuzufliegen?
Wie unerträglich das Vergnügen,
Das nicht das Kind auch mitgenießt?

Die Herrscherin der Welt zu scheinen?
Die Wollust, um ihr Kind zu weinen? –
Laß ihr die Wahl – Was wird sie tun?
Die Krone wirft sie auf die Erde –
Und fliegt mit jauchzender Gebärde
Und fliegt dem lieben Kinde zu.

Nun freu dich denn – du wirst's genießen,
Das stille Glück, das viele missen –
Was wünsch ich dir? – Entweih es nie!
Die Freundin, die *dein* Herz gemildet,
Zur guten Mutter dich gebildet –
Was wünsch ich dir? – Vergiß sie nie!

Vergiß sie nie – wenn deine Lieben
Im Kinderspiel sich um dich üben,
So führe sie der Besten zu:
Ihr sollen sie zu Füßen fallen,
Unschuldig *ihr* entgegenlallen:
»Die gute Mutter gabest du!«

Bleiben Sie den alten Freunden getreu

Wert und Problem langer Bindungen

Daß Sie mich nach einer zehnjährigen Trennung, und in einer so weiten Entfernung noch nicht vergessen haben, daß Sie meiner mit Liebe gedenken, und mir ein Gleiches gegen Sie zutrauen, rührt mich innig, lieber Freund, und ich kann Ihnen auch von meiner Seite mit Wahrheit gestehen, daß mir die Zeit unseres Zusammenseins, und Ihre freundschaftliche Teilnahme an mir, Ihre gefällige Duldung gegen mich und Ihre auf jeder Probe ausharrende Treue in ewig teurem Andenken bleiben wird.

An Andreas Streicher, 9. Oktober 1795

Ist es gleich eine unendlich lange Zeit, daß ich Ihnen nicht eine Zeile gesagt, so kommt es mir doch vor, als ob unsre Geister immer zusammenhingen, und es macht mir Freude zu denken, daß ich mich auch nach dem längsten Stillstande mit gleichem Vertrauen, wie da wir noch zusammen lebten, an Ihr Herz legen kann. Für unser Einverständnis sind keine Jahre und keine Räume; Ihr Wirkungskreis kann Sie nicht so sehr zerstreuen und der meinige mich nicht so sehr vereinseitigen und beschränken, daß wir einander nicht immer in dem Würdigen und Rechten begegnen sollten. Und am Ende sind wir ja beide Idealisten und würden uns schämen, uns nachsagen zu lassen, daß die Dinge uns formten, und nicht wir die Dinge.

An Wilhelm von Humboldt, 2. April 1805

WALLENSTEIN *sich auf seine [Buttlers] Schultern lehnend:*
Weißt du's schon?
Der Alte hat dem Kaiser mich verraten.
Was sagst du? Dreißig Jahre haben wir
Zusammen ausgelebt und ausgehalten.
In *einem* Feldbett haben wir geschlafen,
Aus *einem* Glas getrunken, *einen* Bissen
Geteilt, ich stützte mich auf ihn, wie ich
Auf *deine* treue Schulter jetzt mich stütze,
Und in dem Augenblick, da liebevoll
Vertrauend meine Brust an seiner schlägt,
Ersieht er sich den Vorteil, sticht das Messer
Mir listig lauernd, langsam, in das Herz!
Er verbirgt das Gesicht an Buttlers Brust.
BUTTLER: Vergeßt den Falschen. Sagt, was wollt Ihr tun?
WALLENSTEIN: Wohl, wohlgesprochen. Fahre hin! Ich bin
Noch immer reich an Freunden, bin ich nicht?
Das Schicksal liebt mich noch, denn eben jetzt,
Da es des Heuchlers Tücke mir entlarvt,
Hat es ein treues Herz mir zugesendet.
Nichts mehr von ihm. Denkt nicht, daß sein Verlust
Mich schmerze, oh! mich schmerzt nur der Betrug.
Denn wert und teuer waren mir die beiden,
Und jener Max, er liebte mich wahrhaftig,
Er hat mich nicht getäuscht, er nicht – Genug,
Genug davon! Jetzt gilt es schnellen Rat –

»Wallensteins Tod«, III,10

Die Jahre der Leidenschaften waren bei dem Fürsten vorüber, und die Menschheit fing allgemach an, einen Wert bei ihm zu erlangen, wie seine Haare sich bleichten. Noch am Grabe erwachte in ihm eine Sehnsucht nach dem Lieblinge seiner Jugend. Um wo möglich dem Greis die Kränkungen zu vergüten, die er auf den Mann gehäuft hatte, lud er den Vertriebenen freundlich in seine Heimat zurück, nach welcher auch in G***s Herzen schon längst eine stille Sehnsucht zurückgekehrt war. Rührend war dieses Wiedersehen, warm und täuschend der Empfang, als hätte man sich gestern erst getrennet. Der Fürst ruhte mit einem nachdenkenden Blick auf dem Gesichte, das ihm so wohl bekannt und doch wieder so fremd war; es war, als zählte er die Furchen, die er selbst darein gegraben hatte. Forschend suchte er in des Greisen Gesicht die geliebten Züge des Jünglings wieder zusammen, aber was er suchte, fand er nicht mehr. Man zwang sich zu einer frostigen Vertraulichkeit – beider Herzen hatten Scham und Furcht auf immer und ewig getrennt.

»Spiel des Schicksals. Bruchstück aus einer wahren Geschichte«

Des akademischen Freundes, den Du in Bonn aufgetrieben hast, erinnre ich mich recht gut, aber besonders liiert waren wir niemals. Er machte den Weichling in der Akademie [der Hohen Carlsschule] und unsre Wege gingen nicht zusammen. Da er aber darin grau worden ist wie ich, und alle ihre Epochen hat werden und endigen sehen, so hat uns die *Gewohnheit* oder die *Zeit* einander so ans Gedächtnis hingenagelt, dass es für eine Espèce [Art] von Kameradschaft gelten kann. Alle akademische Bekanntschaft und so alte vollends haben ihren Wert bei mir.

An Ludwig Ferdinand Huber, 29. Juli 1788

Bleiben Sie den alten Freunden getreu, die kennt man einmal mit allen ihren Schwächen und Tugenden.

An Charlotte von Kalb, 4. September 1799

Die Winternacht

Ade! Die liebe Herrgottssonne gehet,
Grad über tritt der Mond!
Ade! Mit schwarzem Rabenflügel wehet
Die stumme Nacht ums Erdenrund.

Nichts hör ich mehr durchs winternde Gefilde
Als tief im Felsenloch
Die Murmelquell, und aus dem Wald das wilde
Geheul des Uhus hör ich noch.

Im Wasserbette ruhen alle Fische,
Die Schnecke kriecht ins Dach,
Das Hündchen schlummert sicher unterm Tische,
Mein Weibchen nickt im Schlafgemach.

Euch Brüderchen von meinen Bubentagen,
Mein herzliches Willkomm!
Ihr sitzt vielleicht mit traulichem Behagen
Um einen teutschen Krug herum.

Im hochgefüllten Deckelglase malet
Sich purpurfarb die Welt,
Und aus dem goldnen Traubenschaume strahlet
Vergnügen, das kein Neid vergällt.

Im Hintergrund vergangner Jahre findet
Nur Rosen euer Blick,
Leicht, wie die blaue Knasterwolke, schwindet
Der trübe Gram von euch zurück.

Vom Schaukelgaul bis gar zum Doktorhute
Stört ihr im Zeitbuch um,
Und zählt nunmehr mit federleichtem Mute
Schweißtropfen im Gymnasium.

Wie manchen Fluch – noch mögen unterm Boden
Sich seine Knochen drehn –
Terenz erpreßt, trotz Herrn Minellis Noten,
Wie manch verzogen Maul gesehn,

Wie ungestüm dem grimmen Landexamen
Des Buben Herz geklopft;
Wie ihm, sprach itzt der Rektor seinen Namen,
Der helle Schweiß aufs Buch getropft –

Wohl redt man auch von einer – e – gewissen –
Die sich als *Frau* nun spreißt,
Und mancher will der Lecker baß nun wissen,
Was doch ihr *Mann* baß – gar nicht weißt –

Nun liegt dies all im Nebel hinterm Rücken,
Und Bube heißt nun Mann,
Und Friedrich schweigt der weiseren Perücken,
Was einst der kleine Fritz getan –

Man ist – Potz gar! – zum Doktor ausgesprochen,
Wohl gar – beim Regiment!
Und hat vielleicht – doch nicht zu früh, gerochen,
Daß Plane – Seifenblasen sind.

Hauch immer zu – und laß die Blasen springen;
Bleibt nur dies Herz noch ganz!
Und bleibt mir nur – errungen mit Gesängen –
Zum Lohn ein teutscher Lorbeerkranz.

Einer meiner ehmaligen familiärsten Jugendfreude, D[oktor] Hoven von hier, ist ein brauchbarer Arzt geworden, aber als Schriftsteller, wozu er sehr viel Anlage hatte, zurückgeblieben. Mit ihm habe ich von meinem 13ten Jahr bis fast zum 21. alle Epochen des Geistes gemeinschaftlich durchwandert. Zusammen dichteten wir, trieben wir Medizin und Philosophie. Ich bestimmte gewöhnlich seine Neigungen. Jetzt haben wir so verschiedene Bahnen genommen, daß wir einander kaum mehr finden würden, wenn ich nicht noch medizinische Reminiszenzen hätte.

An Christian Gottfried Körner, 4. Oktober 1793

Auf Wiedersehn in einer andern Welt,
Kurz ist der Abschied für die lange Freundschaft.

»Die Jungfrau von Orleans«, III,6

Wir wären also wieder in Ordnung, und alles ist wieder in seinem alten Geleise. Geschmollt haben wir ja auch zuweilen in Herrn Fleischmanns Hause, diesmal dauerte es nur länger, weil Mainz und Jena weiter von einander liegen als unsre zwei grüne Zimmer. Ich denke mir allerdings, wie manches sich seitdem mit Dir und mir mag verändert haben, der Geist hat hoffentlich bei keinem von uns beiden geruht, und das sind immer wichtigere Veränderungen, als welche uns von außen widerfahren. Der feste Kern aber blieb, wie ich sehe, bei einem jeden von uns, wie er war, und es wird mir gar leicht, auch meine gegenwärtige Gedankengestalt auf die Deinige über zu tragen. Eben rechne ich nach, daß es nun drei Jahre sind seit unsrer Trennung, und diese 3 Jahre sind durch die vielfältigen Schicksale, welche über uns beide seitdem ergangen sind, zu sechs Jahren ausgedehnt worden.

An Ludwig Ferdinand Huber, 30. September 1790

Gordon: Ich hab mich keiner Gunst von ihm erfreut.
Fast zweifl ich, ob er je in seiner Größe
Sich eines Jugendfreunds erinnert hat –
Denn fern von ihm hielt mich der Dienst, sein Auge
Verlor mich in den Mauren dieser Burg,
Wo ich, von seiner Gnade nicht erreicht,
Das freie Herz im stillen mir bewahrte.
Denn als er mich in dieses Schloß gesetzt,
War's ihm noch Ernst um seine Pflicht, nicht sein
Vertrauen täusch ich, wenn ich treu bewahre,
Was meiner Treue übergeben ward.

BUTTLER: So sagt, wollt Ihr die Acht an ihm vollziehn,
Mir Eure Hilfe leihn, ihn zu verhaften?
GORDON *nach einem nachdenklichen Stillschweigen, kummervoll:*
Ist es an dem – verhält sich's, wie Ihr sprecht –
Hat er den Kaiser, seinen Herrn, verraten,
Das Heer verkauft, die Festungen des Landes
Dem Reichsfeind öffnen wollen – Ja, dann ist
Nicht Rettung mehr für ihn – Doch es ist hart,
Daß unter allen eben mich das Los
Zum Werkzeug seines Sturzes muß erwählen.
Denn Pagen waren wir am Hof zu Burgau
Zu gleicher Zeit, ich aber war der ältre.

»Wallensteins Tod«, IV,2

Es tut mir sehr leid, daß Du Dich über I[ffland] zu beklagen hast. Freilich mögen die Verhältnisse, die ihn treiben und drängen, seine Stimmung verändert haben. Er hat als Direktor d[es] Th[eaters] ein böses Schiff zu regieren, er ist als Schauspieler und als Dichter im Kampf mit dem Parteigeist und dem Zeitgeschmack, er will erwerben und reich werden, und es fodert schon den ganzen Mann, sich im Besitz zu erhalten. Das kann ihn, deucht mir, bei einem nachsichtigen Freund entschuldigen, wenn er sich nicht immer gleichbleibt; aber eine Jugendfreundschaft wie die eurige ist unzerstörbar, und ich zweifle nicht, ihr werdet einander wiederfinden.

An Heinrich Christian Beck, 17. Januar 1802

Die Berührung zweier Seelen, die sich auf dem Wege zur Gottheit begegnen

Sternstunden der Freundschaft

O wenn es eintrifft, was
Mein Herz mir sagt, wenn du aus Millionen
Herausgefunden bist, mich zu verstehn,
Wenn's wahr ist, daß die schaffende Natur
Den Roderich im Karlos wiederholte,
Und unsrer Seelen zartes Saitenspiel
Am Morgen unsres Lebens gleich bezog,
Wenn eine Träne, die mir Lindrung gibt,
Dir teurer ist, als meines Vaters Gnade –

»Don Karlos«, I,2

Dieses allgemeinen Geisterzusammenhangs erste Folgen sind gegenseitige Ausbildung der Seelenfähigkeiten, Ergänzung, Erweiterung, Verfeinerung der Begriffe, Richtung des Willens nach dem Vollkommenen. So kann die Wissenschaft des einen in die Seele des andern fließen; so kann der rohe Gedanke des einen durch die schärfere Denkkraft des andern verfeinert werden. So kann ein doppelter Verstand das zur Reife bringen, was einem einfachen undurchdringlich war. So kann das jugendliche Feuer eines brausenden Geists durch den bedachtsamern Ernst des reifern Manns milder und mäßiger werden. So kann der ersterbende Trieb zur Tugend in diesem durch die wärmere Tugendliebe in jenem in neue Flammen auflodern. So kann sich Seele in Seele spiegeln. So der Schöpfer selbst sein großes Bild in menschlichen Seelen zurückwerfen. So kann Wonne des Freunds in die Seele des Freunds hinüberjauchzen – Vollkommenheit der höhern Geisteskraft wäre also die erste Folge dieses Zusammenhangs. Dieser Zusammenhang ist die Folge der Liebe.

Die Tugend in ihren Folgen betrachtet

An keinem Ort der Welt bin ich verstanden wie bei euch. Keine Menschen sind mir näher, selbst meine Familie nicht, und kein Schicksal kann mich fremder mit euch machen. Es gibt mir viele Freude in stillen Stunden, wenn ich mich unter euch versetze und mir lebhaft mache, was wir füreinander sind.

An Christian Gottfried Körner, 19. Dezember 1787

O, wie schön und wie göttlich ist die Berührung zweier Seelen, die sich auf dem Wege zur Gottheit begegnen.

An Christian Gottfried Körner, 3. Juli 1785

Unsere Augen begegneten sich, und unser heiliger Vorsatz zerschmolz in unsere heilige Freundschaft. Es war ein stummer Handschlag, getreu zu bleiben dem Entschluß dieses Augenblicks – sich wechselweise fortzureißen zum Ziele – sich zu mahnen und aufzuraffen einer den andern – und nicht stille zu halten bis an die Grenze, wo die menschlichen Größen enden. O, mein Freund. Nur unserer innigen Verkettung, ich muß sie noch einmal so nennen, unserer heiligen Freundschaft allein war es vorbehalten, uns *groß* und *gut* und *glücklich* zu machen. Die gütige Vorsehung, die meine leisesten Wünsche hörte, hat mich *Dir* in die Arme geführt, und ich hoffe, auch Dich *mir*. Ohne mich sollst Du ebensowenig Deine Glückseligkeit vollendet sehen können, als ich die meinige ohne Dich. Unsere künftig erreichte Vollkommenheit soll und darf auf keinem anderen Pfeiler als unsrer Freundschaft ruhen.

An Christian Gottfried Körner, 3. Juli 1785

Der Himmel hat uns seltsam einander zugeführt, aber in unserer Freundschaft soll er ein *Wunder* getan haben.

An Christian Gottfried Körner, 3. Juli 1785

Ich erinnere mich jetzt der merkwürdigen Stelle im VI. Buch der »Ilias«, wo Glaukus und Diomed im Gefecht aufeinanderstoßen, und nachdem sie sich als Gastfreunde erkannt, einander Geschenke geben. Diesem rührenden Gemälde der Pietät, mit der die Gesetze des *Gastrechts* selbst im Kriege beobachtet wurden, kann eine Schilderung des *ritterlichen Edelmuts* im Ariost an die Seite gestellt werden, wo zwei Ritter und Nebenbuhler, *Ferrau* und *Rinald*, dieser ein Christ, jener ein Sarazene, nach einem heftigen Kampf und mit Wunden bedeckt, Friede machen, und um die flüchtige Angelika einzuholen, das nämliche Pferd besteigen. Beide Beispiele, so verschieden sie übrigens sein mögen, kommen einander in der Wirkung auf unser Herz beinahe gleich, weil beide den schönen Sieg der Sitten über die Leidenschaft malen, und uns durch Naivetät der Gesinnungen rühren.

»Über naive und sentimentalische Dichtung«

Die Freundschaft

(aus den Briefen Julius' an Raphael;
einem noch ungedruckten Roman)

Freund! genügsam ist der Wesenlenker –
Schämen sich kleinmeisterische Denker,
Die so ängstlich nach Gesetzen spähn –

Geisterreich und Körperweltgewühle
Wälzet *eines* Rades Schwung zum Ziele,
  Hier sah es mein Newton gehn.

Sphären lehrt es, Sklaven *eines* Zaumes,
Um das Herz des großen Weltenraumes
  Labyrinthenbahnen ziehn –
Geister in umarmenden Systemen
Nach der *großen Geistersonne* strömen,
  Wie zum Meere Bäche fliehn.

War's nicht dies allmächtige Getriebe,
Das zum ew'gen Jubelbund der Liebe
  Unsre Herzen aneinander zwang?
Raphael, an *deinem* Arm – o Wonne!
Wag auch ich zur großen Geistersonne
  Freudigmutig den Vollendungsgang.

Glücklich! glücklich! *Dich* hab ich gefunden,
Hab aus Millionen *dich* umwunden,
  Und aus Millionen *mein* bist *du* –
Laß das Chaos diese Welt umrütteln,
Durcheinander die Atomen schütteln;
  Ewig fliehn sich unsre Herzen zu.

Muß ich nicht aus *deinen* Flammenaugen
Meiner Wollust Widerstrahlen saugen?
  Nur in *dir* bestaun ich mich –
Schöner malt sich mir die schöne Erde,
Heller spiegelt in des Freunds Gebärde,
  Reizender der Himmel sich.

Schwermut wirft die bange Tränenlasten,
Süßer von des Leidens Sturm zu rasten,
  In der Liebe Busen ab; –
Sucht nicht selbst das folternde Entzücken
In des Freunds beredten Strahlenblicken
  Ungeduldig ein wollüst'ges Grab? –

Stünd im All der Schöpfung ich alleine,
Seelen träumt ich in die Felsensteine,
Und umarmend küßt ich sie –
Meine Klagen stöhnt ich in die Lüfte,
Freute mich, antworteten die Klüfte,
Tor genug! der süßen Sympathie.

Tote Gruppen sind wir – wenn wir hassen,
Götter – wenn wir liebend uns umfassen!
Lechzen nach dem süßen Fesselzwang –
Aufwärts durch die tausendfache Stufen
Zahlenloser Geister, die nicht schufen,
Waltet göttlich dieser Drang.

Arm in Arme, höher stets und höher,
Vom Mongolen bis zum griech'schen Seher,
Der sich an den letzten Seraph reiht,
Wallen wir, einmüt'gen Ringeltanzes,
Bis sich dort im Meer des ew'gen Glanzes
Sterbend untertauchen Maß und Zeit –

Freundlos war der große Weltenmeister,
Fühlte *Mangel* – darum schuf er Geister,
Sel'ge Spiegel *seiner* Seligkeit! –
Fand das höchste Wesen schon kein gleiches,
Aus dem Kelch des ganzen Seelenreiches
Schäumt *ihm* – die Unendlichkeit.

Ich denke, es soll eine herrliche Periode für uns werden. Wir haben uns so tausend Dinge mitzuteilen, deren wir uns jetzt selbst nicht bewußt sind. Unsere Vorstellungsart mag sich zwar in manchen Stücken verändert haben, darauf rechne ich; aber im Ganzen, denke ich, sind wir nicht auseinandergekommen.

An Christian Gottfried Körner, 27. Februar 1792

Dein Brief hat mir große Freude gemacht, weil er mir bestätigte, wie gut wir einander verstehen, und wie notwendig wir uns sind. Nein, Dir kann es ebensowenig als mir begegnen, daß heterogener Einfluß von außen die reine Form Deines Wesens verderbt; denn unsrer beider Seele hat ein Vermögen, sich keusch zu bewahren, allen fremden Stoff auszuwerfen und über jede unheilige Berührung zu siegen.

An Christian Gottfried Körner, 12. September 1794

Ihr Andenken, teure Freundin, wird seinen vollen Wert für mich behalten. Es ist mir nicht bloß ein schönes Denkmal dieses heutigen Tages, es ist mir ein teures Pfand Ihres Wohlwollens und Ihrer treuen Freundschaft und bringt mir die ersten schöne Zeiten unserer Bekanntschaft zurück. Damals trugen Sie das Schicksal meines Geistes an Ihrem freundschaftlichen Herzen und ehrten in mir ein unentwickeltes, noch mit dem Stoffe unsicher kämpfendes Talent. Nicht durch das, was ich war und was ich wirklich geleistet hatte, sondern durch das, was ich vielleicht noch werden und leisten konnte, war ich Ihnen wert. Ist es mir jetzt gelungen, Ihre damaligen Hoffnungen von mir wirklich zu machen, und Ihren Anteil an mir zu rechtfertigen, so werde ich nie vergessen, wieviel ich davon jenem schönen und reinen Verhältnisse schuldig bin.

An Charlotte von Kalb, 20. April 1799

»Es ist eine rechte Gottesgabe um einen weisen und sorgfältigen Freund«

Nachwort

Neid, Scham, Überraschung wecken Schillers Texte über die Freundschaft. Neid, weil wir so tiefe und herzensklug selbstlose Verbindungen, wie er sie erlebte, auch gern hätten. Scham, weil Schillers kritische Analyse von Freundschaften peinliche Erkenntnisse auslöst. Überraschung, weil wir bis in die Einzelheiten hinein auf bekannte Erscheinungen stoßen.

Historisch arbeitende Psychologen gehen davon aus, dass sich die grundsätzlichen Gefühle der Menschen – Liebe, Hass, Sympathie, Einsamkeit – seit Jahrtausenden kaum geändert haben. Lediglich in Details und Worten unterscheiden sie sich. Für Schillers Freundschaftstexte gilt: Man sollte sich den Blick nicht durch ungewohnte Ausdrücke oder pathetische Formeln vernebeln lassen. Es lohnt sich vielmehr, mit Schillers Augen auf eines der wichtigsten Phänomene menschlichen Lebens zu sehen.

Früher beschworen Freunde denn auch ihre ewig gemeinten Bündnisse besonders gern mit Schiller-Zitaten wie: »Arm in Arm mit dir, / So fodr' ich mein Jahrhundert in die Schranken«, »Wem der große Wurf gelungen, / Eines Freundes Freund zu sein« oder »Ich sei, gewährt mir die Bitte, / In eurem Bunde der Dritte.« In bürgerlichen Kreisen, aber auch unter gebildeten Arbeitern des 19. und 20. Jahrhunderts orientierte man sich vor allem an der aufopferungsvollen Treue in der Ballade »Die Bürgschaft« und am bewunderten Freundespaar Don Karlos–Marquis Posa. Dass gerade in dem Freundschaftsdrama »Don Karlos« mancher Bärendienst mit letztlich tödlichem Ausgang erwiesen wird, überlas man geflissentlich. Offensichtlich hatte der Autor mit solchen Missverständnissen schon gerechnet und deshalb in seinen »Briefen über Don Karlos« viele Seiten lang die gefährliche Freundschaft des Marquis Posa genau analysiert. Umsonst. Die naive Sicht auf den Klassiker setzte sich durch. Das galt erst recht für sein Gedicht »An die Freude«. Schiller hatte es für ein Gartenfest aus dem Ärmel geschüttelt, eine Gelegenheitsarbeit für gesellige Stunden. Später bedauerte er, das Gedichtlein überhaupt veröffentlicht zu haben, weil es so populär wurde, dass man seine andere Lyrik darüber vergaß. Immerhin verschaffte ihm die gedankenlose Aufnahme seiner Werke den Ruf des Freundschaftsdichters par excellence.

Das trifft durchaus, doch gibt es in Schillers Dichtung sicher mehr falsche und schlechte als tadellose Freunde. Die Kameradschaft der »Räuber« gleicht eher einem Zweckbündnis mit Gruppenzwang auf Leben und Tod. Im »Fiesko« bringt der Freund den Freund um, und im »Wallenstein« herrscht durchweg Freundesverrat, fällt die reine Freundschaft Max Piccolominis zu Wallenstein dessen Manipulationen zum Opfer. Der Einzige, der in »Maria Stuart« wie ein Freund handelt, Lord Shrewsbury, wird überhört, die falschen Freunde richten dafür königliches Doppelunheil an.

Die leicht zu verlängernde Reihe an kritisch gezeichneten Gefährten zeigt, dass Schiller durchaus ein Dichter der Freundschaft war, aber in einem viel schillernderen Licht, als es die meisten Bewunderer wahrhaben wollten.

In seinem Leben sah es dagegen ganz anders aus. Schiller wusste genau, welch unschätzbare Dienste Freundschaften ihm geleistet hatten. Am 23. November 1802, zweieinhalb Jahre vor seinem Tod, schrieb er an Charlotte von Schimmelmann: »Was ich Gutes haben mag, ist durch einige wenige vortreffliche Menschen in mir gepflanzt worden, ein günstiges Schicksal führte mir daselben in den entscheidenden Perioden meines Lebens entgegen, meine Bekanntschaften sind auch die Geschichte meines Lebens ...«

Wie hätte Schiller die langen und harten Jahre in dem kasernenartigen Alltag der Karlsschule ohne Freunde ertragen sollen? Wem hätte er seine ersten Werke vortragen können? Wie hätte er ohne seinen opferbereiten Bewunderer und Gefährten Andreas Streicher die Flucht aus dem Dienst des württembergischen Herzogs ins Werk setzen, geschweige denn die kommenden Monate sein täglich Brot bezahlen können? Was hätte er ohne Henriette von Wolzogen getan, die ihn, den Flüchtling, trotz Gefährdung ihres Rufes aufnahm und die ihm viel Geld lieh? Wie hätte Schiller aus der Mannheimer Theater- und Schuldenmisere entkommen können, hätten ihm nicht Christian Gottfried Körner, Ludwig Ferdinand Huber, Dora und Minna Stock zusammen mit ihrem Bewunderungsbrief auch noch Geld und Unterkunft angeboten? Was hätte er ohne Charlotte von Kalb getan, die seine Umgangsformen verbesserte und ihn in die adligen Kreise Weimars einführte? Was wäre aus ihm geworden ohne die Freundschaft der Schwestern Lengefeld, deren eine er schließlich heiratete? Wie hätte er ohne die massive Unterstützung durch den Verleger Johann Friedrich Cotta seine Hausbaupläne umsetzen sollen? Wie hätte er ohne Goethes Hilfe seine Professur in Jena bekommen, seinen »Wallenstein« beenden, seinen »Wilhelm Tell« schreiben können?

Es lohnt sich, gerade die Freundschaft mit dem anderen Klassiker immer wieder neu unter die Lupe zu nehmen. Besonders aufschlussreich ist der Sommer 1796. Da wird Charlotte Schiller das Gekicher und Gepolter auf die Nerven gegangen sein, wenn Freund Goethe und ihr Mann, damals immerhin Professor, sich wieder mal in einen »Xenien«-Rausch hineindichteten. Als Gast erlebte Maria Körner, genannt Minna, die lautstarke Produktionsgemeinschaft mit und beschrieb plastisch das Treiben der Freunde im Oberstübchen der jenaschen Schillerei: »In kürzeren und längeren Pausen ertönte ein schallendes Gelächter, zuweilen von sehr vernehmlichem Fußstampfen begleitet. Wenn die Herren um 12 Uhr zum Mittagessen herunterkamen, waren sie äußerst aufgeräumt und sagten mehr als einmal: Heute sind die Philister wieder gründlich geräuchert worden!«

Wie Schüler in ihrer Abitur-Zeitung der Lehrerschaft die Meinung geigen, so zogen damals Goethe und Schiller vom Leder, spotteten in schöner Einigkeit über den Literaturbetrieb, kühlten ihr Mütchen an Konkurrenten, pinkelten deutschen Revolutionsverfechtern ans Bein. Ihre Kriegserklärung an die literarische und die politische Welt in knapp siebenhundert Kurzgedichten publizierten sie gemeinsam, ohne Einzelzuschreibung, wie Dioskuren, zwischen die kein Blatt Papier passt.

Ohne Zweifel ist die Freundschaft zwischen Friedrich Schiller und Johann Wolfgang Goethe die bedeutendste der deutschen Kulturgeschichte. Doch schon das kurze Wort »Freundschaft« steht in krassem Gegensatz zu dem windungsreichen Weg samt einigen Sackgassen, der nötig war, bis sich die beiden aus Fremden, Rivalen, Verächtern hin zu schlagkräftigen Verbündeten, einander bewundernden Kollegen, ja zu liebenden und sehnsüchtigen Freunden entwickelten. Diesen Weg anhand von Briefausschnitten nachzugehen ist höchst spannend. Geduld allein hätte ja nicht genügt, die sehr widersprüchlichen Künstler zu verbinden, obwohl sie allein schon bedeutsam war. Schillers Vorsicht seinen negativen Gefühlen gegenüber musste hinzukommen, dann auch seine Unterscheidung zwischen dem Menschen und dem Künstler Goethe, schließlich noch sein Mut, den entscheidenden Schritt zu wagen. Schiller schrieb einen langen Brief, in dem er Goethe nuancenreich, klug und mit ehrlicher Bewunderung charakterisierte. Es war keine

Schmeichlerpost, sondern ein Beweis für hingebungsvolle Beobachtung; sie öffnete vielleicht gerade deswegen die Tür zu Goethe.

Das ist durchaus wörtlich zu verstehen, denn Schiller verbrachte viele Tage im Haus seines Freundes, wo er wie in einer Wohngemeinschaft ganz für sich sein durfte, lange schlafen oder bei Unwohlsein einfach ungestört auf seinem Zimmer bleiben.

Die unübertroffene Geistes- und Arbeitsgemeinschaft fand schon um 1800 Neider, Spötter, Skeptiker. Im Kopf kenntnisloser Skandalbrüder und -schwestern geistern bis heute sogar hirnrissige Schiller-Mord-Theorien herum, als hätte Goethe nicht emotional, intellektuell und professionell von diesem Bündnis profitiert. Umgekehrt sah das Schiller genauso und schrieb am 11. Dezember 1798 an Goethe: »Es ist eine rechte Gottesgabe um einen weisen und sorgfältigen Freund.« Ob es um alltägliche Besorgungen ging, Grüße, Wünsche, Trost zu Fest-, Feier- und Trauertagen oder um hilfreiche Kritik im poetischen Alltag, Goethe und Schiller wussten nur zu gut, was sie aneinander hatten, als sie sich endlich hatten. Lediglich in einem Punkt erweist Schiller sich als starrer Moralist: Er akzeptiert Christiane Vulpius nicht, er erhebt sich über sie und über die Verbindung seines Freundes mit ihr.

Das wirft die Frage auf, ob Schiller selbst ein guter Freund war. Für Goethe ohne Frage! Für die anderen Freunde? Da drängt sich schon mehr als einmal das Bild einer Einbahnstraße auf, wenn Schiller außer den vielen Krankheiten und Unpässlichkeiten notorisch seine Schreibfaulheit erwähnt, um monatelanges Schweigen zu entschuldigen. Selbst den epochemachenden Brief mit den Geschenken Körners, Hubers und der Schwestern Stock, der ihn freudig erschütterte, beantwortete er erst nach sieben Monaten. Exemplarisch formulierte er es am 15. April 1786 in seinem Brief an Wilhelm Friedrich Hermann Reinwald: »Wahrhaftig liebster Freund, meine

Faulheit hätten Sie verachten, verdammen, verfluchen sollen, aber sie meiner Freundschaft nicht zur Last legen sollen, denn das versichere ich Ihnen, wenn man durch eine Correspondenz mit dem Apostel Petrus ins Himmelreich kommen müßte, so wärs um meine Seligkeit geschehen.« Reinwald war mehr als ein Zweckfreund, dessen Bibliothek und anregende Gespräche Schiller in seiner zurückgezogenen, einsamen Zeit in Bauerbach unbedingt brauchte, den er später als Bräutigam und Ehemann seiner Schwester allerdings lieber verhindert hätte. Auch Wilhelm von Humboldt befeuerte zwar Schillers Gedanken in den Jenaer Jahren, um anschließend dann doch nur noch selten angeschrieben zu werden. Kam es zu einer räumlichen Trennung, ließ der Autor alte Freunde in der Regel bald außer Acht. Er freute sich zwar, wenn sie sich nach langer Zeit meldeten, die frühere Intensität der Freundschaft strebte er allerdings nicht mehr an.

Die Bindungen zu Frauen oszillierten lange Zeit zwischen Freundschaft und Liebe. Im Falle der Lengefeld-Schwestern stellte sich Schiller eine Zeitlang sogar ein Leben zu dritt als Ideal vor, das freilich in dieser Zeit kaum zu realisieren und nicht im Geringsten den Wünschen Caroline von Beulwitz' und Charlotte Lengefelds entsprach.

Schiller geizte selbst den Freunden gegenüber ab den 1790er Jahren mit seiner Zeit und wies entschuldigend darauf hin, dass er nur noch mit einer kurzen Lebensspanne rechne. Im Nachhinein wirkt das wie eine weise Vorahnung. Carl Friedrich Zelter gelang es noch, durch einen Trick Schillers Freundschaft zu erringen, indem er ihn einfach persönlich aufsuchte, obwohl sich Schiller verleugnen ließ. Charlotte Schiller ließ Zelter ein, der bat, kurz seine Komposition des »Tauchers« vorspielen zu dürfen: »Ich mochte«, schreibt Zelter, »etwa fünf Minuten gespielt haben, als ich merkte, daß ein Kopf durch die Türspalte hineinhorchte. Ich kräftig fortspielend – auf einmal springt Schiller halb angekleidet herein auf mich zu, umarmt mich heftig und ruft bewegt aus: ›Sie sind mein Mann, Sie verstehen mich.‹ Seitdem sind wir dicke Freunde geblieben bis zu seinem Tod.«

Grundsätzlich respektierten die Freunde Schillers Eigenheiten und brachten erstaunlich viel Verständnis für ihn auf. Sie wussten so gut wie er, dass es sich bei ihm um ein besonderes Menschenkind handelte, dem sie verbunden waren. Und Schillers selbstkritische Offenheit im Umgang oder in der Korrespondenz half, manche Verstimmung, die sich bisweilen doch ergab, aus dem Weg zu räumen. An Wilhelm von Wolzogen schrieb er am 25. Mai 1783: »Immer verstand ich mich weniger darauf, Freunde zu erwerben, als die erworbenen festzuhalten.«

Tatkräftige Unterstützung fand Schiller eher, als dass er sie bot. In Gelddingen erwies er sich sogar als höchst unzuverlässig, was Henriette von Wolzogen in die Fänge von Wucherern und des Gerichtsvollziehers trieb. Wie oft hatte Schiller ihr Rückzahlungstermine und -pläne präsentiert, um sie dann doch jedes Mal platzen zu lassen. Sie bekam ihr Geld nie wieder. Was ein Lebensfreund wie Christian Gottfried Körner leistete, indem er Schiller finanziell so diskret wie großzügig unterstützte, dazu ideell und intellektuell herausforderte, das war nicht auszugleichen. Körner erwartete es so wenig wie die meisten anderen Freunde.

Etwas aus dem Rahmen fiel die – man darf hier beide Worte gleich stark betonen – Geschäftsfreundschaft mit Johann Friedrich Cotta. Von schwäbischer Biederkeit ist in den Briefen rasch die Rede, von großen Plänen und konkreten Projekten, von Vertrauen und von Freundessorgen, die das persönliche und familiäre Wohlergehen betreffen. Schiller und Cotta verhandeln über Vertragskonditionen, streiten um die beste Buchausstattung und besprechen Werbe- und Vertriebsstrategien. Der Verleger schickt dem kranken Autor aber auch Portwein als Genesungs- und Genussmittel, wohingegen Schiller Cotta mit klugen Ratschlägen dabei hilft, Goethe samt seinen »Faust« für den Verlag zu gewinnen. Die Freundschaft hielt über den Tod hinaus, denn Cotta bot im Trauerbrief an die Witwe an, für die beiden Söhne zu sorgen. Ja, er bat Charlotte Schiller, doch mit nach Schwaben zu kommen, um bei ihnen zu leben.

Ehe man nun denkt, Schiller habe sein Leben lang die Freunde ausgenutzt und noch über den Tod hinaus ihre treuen Dienste in Anspruch genommen, möge man bedenken, dass keiner unter ihnen dazu gezwungen wurde, dass sich alle glücklich schätzten, seine Freundschaft zu genießen. Wer einen buchhalterisch genauen Ausgleich zwischen Geben und Nehmen in einer Freundschaft erwartet, verkennt ihr Wesen. Das Glück, das man durch sie erfährt, ist ebenso wichtig wie die tatkräftige Unterstützung, die man ihr verdankt.

Schiller erkannte früh, dass – wie die Menschen selbst – auch Freundschaften ein eigenes Leben haben, dass sie wandelbar sind, wachsen, aber auch sterben können, dass sie Pflege benötigen, Geduld, Hingabe, aber auch Distanz aushalten müssen, dass sie das Leben bereichern, lebenswert machen, aber manchmal auch öde und peinlich. Eine eigenständige »Philosophie der Freundschaft« hat Schiller zwar nicht erarbeitet, aber die vielen klugen Einzelgedanken in den Werken und Briefen zusammen können für eine solche gelten. Wer ein ehrlicher, ein guter, ein treuer, ein langmütiger und vorsichtiger Freund sein möchte, kann sich auf diese Weise auch heute noch von Schiller inspirieren lassen.

Quellen

Friedrich Schiller: Sämtliche Werke in zehn Bänden. Berliner Ausgabe. Herausgegeben von Hans-Günther Thalheim mit Peter Fix, Jochen Golz, Waltraud Hagen, Matthias Oehme, Regine Otto, Barthold Pelzer. Berlin: Aufbau-Verlag 2005.

Friedrich Schiller: Schillers Werke. Nationalausgabe. Briefwechsel. Bd. 23–32. Weimar: Hermann Böhlaus Nachfolger 1956–1984.

Die Rechtschreibung wurde gemäß den Richtlinien der »Berliner Ausgabe« behutsam modernisiert, der Lautstand blieb dabei gewahrt, die Interpunktion wurde zu besserem Verständnis an einigen Stellen vorsichtig ergänzt.

Der Herausgeber

Rolf-Bernhard Essig (Jg. 1963) lebt in Bamberg. Als Autor, Kritiker, Ausstellungskurator und Moderator verbindet er Lust und Wissen, Philologie und Unterhaltung, Ernst und Spiel. Er arbeitet für die wichtigen deutschsprachigen Zeitungen, Deutschlandradio Kultur, WDR, SWR, NDR und ist als Dozent für Literaturkritik und Literaturwissenschaft tätig. Darüber hinaus moderiert er Konzerte sowie literarische Veranstaltungen und bildet Journalisten fort.

Besonders erfolgreich wurden seine Bücher, Radiosendungen und Live-Veranstaltungen zum Thema Redensarten und Sprichwörter. 2007 und 2009 erschienen bei Gustav Kiepenheuer »Wie die Kuh aufs Eis kam. Wundersames aus der Welt der Worte« und »Warum die Schweine pfeifen. Wundersames aus der Welt der Worte«. 2009 kamen die Kinderbücher »Da wird der Hund in der Pfanne verrückt. Die lustigen Geschichten hinter unseren Redensarten« und »Sirenensang und Schweinezauber«, eine Nacherzählung der »Odyssee«, heraus.

Mit seiner Frau Gudrun Schury verfasste er »Alles über Karl May. Ein Sammelsurium von A bis Z« (AtV), den Bildband »Bilderbriefe. Illustrierte Grüße aus drei Jahrhunderten« und drei Hörbücher: »Die Ansbach-CD«, »Franz im Glück oder die Landshuter Hochzeit 1475« und »Die Regensburg-CD«.

Weitere Bücher beschäftigen sich mit der Entstehung von Literatur (»Schreiberlust und Dichterfrust. Kleine Gewohnheiten und große Geheimnisse der Schriftsteller«), dem offenen Brief (»Wer schweigt, wird schuldig. Offene Briefe von Martin Luther bis Ulrike Meinhof« und »Der Offene Brief«) der maritimen Kulturgeschichte (»Der Rausch der Meere. Über die See, den Alkohol und noch mehr«) und dem Dichter Hermann Essig.

Rolf-Bernhard Essig
Warum die Schweine pfeifen
Wundersames aus der Welt der Worte
158 Seiten. Gebunden
ISBN 978-3-378-01101-4

Der Indiana Jones der Sprachschätze

Sprichwörter können trösten, Rat geben oder einer Auseinandersetzung die Schärfe nehmen, und sie bringen uns zum Lachen. Hier werden spannende und komische Geschichten erzählt, die sich hinter unserer Sprache verbergen: warum es Erasmus von Rotterdam - und nicht in die Jahre gekommenen Rockstars - zu verdanken ist, dass so mancher Stein ins Rollen gebracht wurde; was erfolgreich geführte Verhandlungen mit trockenen Babypopos gemeinsam haben; inwiefern das Werfen von Gegenständen Hochzeiten und Boxkämpfe verbindet; weshalb es am Bergbau liegt, wenn endlich mal alles geritzt ist; wie die Vandalen völlig zu Unrecht in Verruf gerieten; wieso nicht der Alkohol schuld sein muss, wenn man etwas volle Pulle tut; und was die braunen Augen von Regina Halmich mit dem Faustrecht zu tun haben.

Mehr Informationen erhalten Sie unter
www.aufbau-verlag.de oder in Ihrer Buchhandlung

kiepenheuer